Sarah Israel

Y ESCOGERÁS LA VIDA...

ובחרת בחיים...

Un encuentro histórico y espiritual con la Verdad

אָנֹכִי
ה אֱלֹהֶיךָ
אֲשֶׁר הוֹצֵאתִיךָ מֵאֶרֶץ
מִצְרַיִם מִבֵּית
עֲבָדִים. לֹא יִהְיֶה לְךָ
אֱלֹהִים אֲחֵרִים עַל
פָּנָי, לֹא תַעֲשֶׂה לְךָ
פֶסֶל וְכָל תְּמוּנָה
אֲשֶׁר בַּשָּׁמַיִם מִמַּעַל
וַאֲשֶׁר בָּאָרֶץ מִתָּחַת
וַאֲשֶׁר בַּמַּיִם מִתַּחַת
לָאָרֶץ. לֹא תִשְׁתַּחֲוֶה
לָהֶם וְלֹא תָעָבְדֵם, כִּי
אָנֹכִי ה אֱלֹהֶיךָ אֵל קַנָּא,
פֹּקֵד עֲוֹן אָבֹת עַל בָּנִים עַל
שִׁלֵּשִׁים וְעַל רִבֵּעִים לְשֹׂנְאָי,
וְעֹשֶׂה חֶסֶד לַאֲלָפִים לְאֹהֲבַי
וּלְשֹׁמְרֵי מִצְוֹתָי. לֹא תִשָּׂא אֶת שֵׁם ה
אֱלֹהֶיךָ לַשָּׁוְא, כִּי לֹא יְנַקֶּה ה אֵת
אֲשֶׁר יִשָּׂא אֶת שְׁמוֹ לַשָּׁוְא. זָכוֹר אֶת
יוֹם הַשַּׁבָּת לְקַדְּשׁוֹ. שֵׁשֶׁת יָמִים
תַּעֲבֹד וְעָשִׂיתָ כָּל מְלַאכְתֶּךָ. וְיוֹם
הַשְּׁבִיעִי שַׁבָּת לַה אֱלֹהֶיךָ. לֹא
תַעֲשֶׂה כָל מְלָאכָה אַתָּה.
וּבִנְךָ וּבִתֶּךָ עַבְדְּךָ וַאֲמָתְךָ
וּבְהֶמְתֶּךָ וְגֵרְךָ אֲשֶׁר
בִּשְׁעָרֶיךָ. כִּי שֵׁשֶׁת
יָמִים עָשָׂה ה אֶת
הַשָּׁמַיִם וְאֶת הָאָרֶץ,
אֵת הַיָּם וְאֶת
כָּל אֲשֶׁר בָּם.
וַיָּנַח בַּיּוֹם
הַשְּׁבִיעִי, עַל
כֵּן בֵּרַךְ ה
אֶת יוֹם
הַשַּׁבָּת
וַיְקַדְּשֵׁהוּ
כַּבֵּד
אֶת

EDICIONES OBELISCO

Si este libro le ha interesado y desea que le mantengamos informado
de nuestras publicaciones, escríbanos indicándonos qué temas son de su interés
(Astrología, Autoayuda, Psicología, Artes Marciales, Naturismo,
Espiritualidad, Tradición...) y gustosamente le complaceremos.

Puede consultar nuestro catálogo en www.edicionesobelisco.com

Colección Cábala y Judaísmo
Y ESCOGERÁS LA VIDA…
Sarah Israel

1.ª edición: junio de 2023

Diseño gráfico y maquetación: *Daniela Brandwain Silberman*
Corrección: *Don José Israel Garzón y M. Jesús Rodríguez*

© 2021, Sarah Israel
(Reservados todos los derechos)
© 2023, Ediciones Obelisco, S. L.
(Reservados los derechos para la presente edición)

Edita: Ediciones Obelisco, S. L.
Collita, 23-25. Pol. Ind. Molí de la Bastida
08191 Rubí - Barcelona - España
Tel. 93 309 85 25
E-mail: info@edicionesobelisco.com

ISBN: 978-84-1172-010-6
DL B 8742-2023

Impreso en los talleres gráficos de Romanyà/Valls S. A.
Verdaguer, 1 - 08786 Capellades - Barcelona

Printed in Spain

הרב
אריאל בראלי
מרא דאתרא
בית-אל

ב"ה י"ח באלול תשפ"א

<u>מכתב ברכה</u>

אני מברך את שרה ישראל תושבת היישוב בית אל שיפוצו מעיינותיה חוצה
ותזכה את הרבים בכתיבת ספרי אמונה רבים.

לספר הזה הכתוב בספרדית ישנה חשיבות גדולה דווקא בדורנו אשר
מתמודד עם רוחות פרצים הבאות לקעקע כל דבר שבמסורת.
זה הזמן לחזק את האמונה בקרב העם היהודי אשר בתפוצות.
לחשוף בפניו את אוצרות הרוח המפוארים של עם ישראל.
עם אשר זכה להתגלות אלוקית ונבחר על ידי הקב"ה קדש את שמו בעולם.

זכות הספר הזה תעמוד לך ולמשפחתך ליראת שמים ואהבת ה' מתוך
בריאות ושמחה.

בברכת שנה טובה

אריאל בראלי

ב"ה
י"ח אלול התשפ"א
26 de agosto 2021

Carta de Bendición

Bendigo a Sarah Israel, residente de Bet El, por expandir sus manantiales y recompensar a los demás con la escritura de libros de fe.

Este libro escrito en español es de gran importancia precisamente en nuestra generación que se enfrenta a las ráfagas de vientos, que vienen a tatuar todo en la tradición. Es hora de fortalecer la fe entre el Pueblo judío de la diáspora, para revelarle los gloriosos tesoros espirituales del Pueblo de Israel. Una nación que ha recibido revelación Divina, y ha sido elegida por D'ios para santificar Su nombre en el mundo.

El mérito de este libro te otorgará a ti, y a tu familia, temor y amor a D'ios con salud y gozo.

Con bendiciones, feliz año nuevo.

Rabino Ariel Bareli.
Rabino principal de Bet El.

בס"ד
כ"ו אב תשפ"א
4 de agosto 2021

Carta de recomendación de *Y Escogerás la Vida*

Y Escogerás la Vida es el nuevo libro de Sarah Israel.

Después del libro *Vasijas Reparadas*, en el que describía los percances en su proceso personal y familiar de retorno al judaísmo, ha querido ahora hacernos partícipes de su visión del judaísmo.

En el nuevo libro nos explica la teoría que faltaba en el primer libro, sólo mencionada con leves insinuaciones. Con su estilo sencillo y penetrante, cita textos bíblicos y las explicaciones rabínicas que los acompañan y que le dan este sabor especial, desconocido para quienes no han tenido la oportunidad de penetrar en la sabiduría judía pura. No se entretiene en explicaciones esotéricas que nadie entendería correctamente, sino en aquello que es de conocimiento público de todo Israel.

Recuerdo que la autora dudaba de si la importancia y la envergadura del proyecto no resultaría demasiado grande para ella. Se debatía entre la dificultad de la empresa y la enorme necesidad de todos aquellos que quieren acercarse a la verdadera sabiduría judía y se encuentran con libros demasiado gruesos y enrevesados. «Tengo que escribir algo que sea asequible para el público principiante», me decía. Ya vemos que, gracias a D'ios, la decisión fue a favor de tomar en sus manos la empresa, y ahora podemos deleitarnos en unas explicaciones que encierran una gran sabiduría en las palabras más sencillas.

En el libro responde a las principales preguntas que se hace el público sobre la visión del judaísmo, de un modo claro y conciso, casi como un diálogo con el lector.

Espero que este libro *Y Escogerás la Vida* se convierta, como el anterior, en un fiel compañero de todos aquellos que necesitan desesperadamente una guía hacia el judaísmo y no encuentran una lectura ordenada y asequible, que les sacie su ardiente sed y les ayude a escoger la vida del Pueblo de Israel.

¡Enhorabuena, Sarah!

Rabino Nissan ben Avraham

Carta de alegría y bendición

El nuevo libro de Sarah Israel es una alegría y bendición para todo lector que quiera conocer el judaísmo y acercarse a sus fuentes y pensamiento. La autora, presenta en su libro una visión judía profunda, significativa y actual de varios temas que son pilares del judaísmo tradicional y contemporáneo.

Una de las características del libro es que está dedicado a personas en un nivel de principiantes y de avanzados, así como para judíos y para miembros de otras religiones que quieren conocer el judaísmo en profundidad. Los temas tratados en el libro sobre la historia judía, el pacto con el Pueblo de Israel, la función del Pueblo judío para las naciones, la fe judía y la existencia de D'ios, los valores éticos del judaísmo y el cumplimiento de las Mitzvot..., son temas que permiten compenetrarse en el judaísmo y su pensamiento clásico y contemporáneo.

Más aún, el libro fue escrito desde una perspectiva de estudio personal. Sarah Israel tiene una biografía especial, ya que descubrió sus raíces judías y, paso a paso, fue avanzando y profundizando en sus estudios y prácticas judías junto a su familia. No hay mejor forma de estudio y aprendizaje que la de quien puede relatar y transmitir su camino personal. Es por eso que quien lea y estudie el libro podrá utilizar la experiencia de Sarah como un puente de acercamiento al judaísmo.

El judaísmo es una forma de pensar y una forma de vivir, una filosofía y una guía práctica. El libro *Y Escogerás la vida...*, permite comprender con claridad la forma de pensar del judaísmo y la forma de actuar.

Me permito felicitar a Sarah y bendecirla por esta gran obra que escribió, y desearle que tenga el mérito de seguir estudiando nuestra Torá y transmitiendo sus enseñanzas al Pueblo judío y a la humanidad, con la inteligencia y la profundidad que la caracterizan.

Con aprecio y respeto

Rabino Eliahu Birnbaum
Director del Instituto Amiel para la formación de Rabinos.
Dayan del tribunal Rabínico de conversión
del Gran Rabinato de Israel

בס"ד
י'ג תמוז התשפ"א
22 de julio 2021

Carta de Bendición מכתב ברכה

A todos los interesados,

He podido ver entre las líneas de este libro un largo recorrido de búsqueda espiritual y personal. Cada letra, cada palabra y cada oración están impregnadas de esfuerzo, coraje, valentía, amor, pasión y entrega.

Además, es admirable ver el altruismo y el sentimiento de responsabilidad que la escritora transmite en su obra. Es maravilloso ver cómo alguien entiende que no ha caminado tanto sólo para su propio bien y el de sus cercanos, sino que convierte su camino en una inspiración y una bendición para miles de personas a través de libros como éste.

Es por eso que me dispongo a contestar a la petición de la escritora, Sarah Israel, de escribir una carta de bendición. Aunque no la conozco personalmente, su obra me habló mucho de ella. Así que si bien no soy digno de escribir cartas de recomendación como es costumbre de los grandes rabinos, dicen los sabios: «No sea despreciada ante tus ojos la bendición de la gente simple» (Talmud, Meguilá 17a). Por lo tanto, como persona simple quiero dar mi bendición a esta obra y a la autora por tanto esfuerzo y dedicación.

Sea la Voluntad de Hashem, que tus manantiales se expandan (Mishlé 5:17) y puedas saciar muchas almas sedientas de las palabras Divinas, aportando tu parte en lo dicho por el profeta Amós (8:11): «He aquí vienen días dice el Eterno Dios, que mandaré hambre sobre la tierra, no hambre de pan y no sed de agua, sino de escuchar las palabras del Eterno».

De todo corazón,

Rabino Daniel R. Chapán

Carta de recomendación

Por medio de la presente deseo expresar mi humilde reconocimiento al libro *Y Escogerás la Vida*, escrito por la Señora Sarah Israel que tiene el mérito de vivir en la ciudad de Bet-El, en Eretz Israel.

Las temáticas abarcadas de manera ejemplar en su escrito dan pie a un análisis profundo acerca de la existencia del Pueblo de Israel, sus valores y su función como pueblo escogido por D'S para alumbrar las tinieblas de la existencia.

Le deseo que BH tenga éxito y que se extiendan los manantiales de sus aportes y vivencias.

Rabino Rafael Spangenthal

בס"ד

Haz con tu prójimo
lo que quieras que hagan contigo…

Hillel HaTzadik (El justo)
Tratado de Shabat 31a

A mi prójimo…

¡GRACIAS!

Al Creador del Mundo, con respeto, amor y agradecimiento profundo en su máxima expresión, por haberme permitido ser parte de Su bendito Pueblo Israel, y por ser el Autor de cada palabra de este libro al empujarme a escribirlo, y darme la inspiración, la fuerza y la constancia necesaria para terminarlo.

Con mucha alegría, agradezco a cada uno de los Rabinos que cito a continuación por orden alfabético: HaRab Ariel Bareli, HaRab Nissan Ben Abraham, HaRab Eliahu Birenbaum, HaRab Daniel R. Chapán, HaRab Rafael Spangenthal, todos ellos entregados a servir al Creador y a los demás, y que a mi solicitud de una carta de recomendación para este libro, la escribieron con diligencia, brindándome su apoyo y confianza.

Agradezco muchísimo también al Rabino Nissan Ben Abraham, con el que tuve el mérito de contar como corrector y revisión de estilo en español de mi primer libro, y posteriormente realizar una magnifica traducción al hebreo del mismo, y al Rabino Aarón Gulman, por acceder a mis preguntas y aclararme las dudas, sobre todo en cuanto a fechas o datos históricos, aportándome seguridad para no errar.

En esta ocasión he tenido el mérito de haber contado con Don José Israel Garzón, miembro de la Comunidad Judía de Madrid, para la corrección y revisión del texto de este libro. De todo corazón quiero agradecérselo, debiendo añadir por mi parte que su trabajo fue sin ningún tipo de honorarios. El Creador lo bendiga siempre a él y a su querida esposa, y amiga mía, con todo lo bueno que merecen por su gran generosidad, y por ser unas excelentes personas.

Especial mención quiero hacer, pues de verdad que un lujo casi impensable ha sido para mí, contar con el prólogo a este libro de la mano del Rabino Moshé Bendahán Israel, Gran Rabino de España, con el que mi familia y yo tuvimos el mérito de pasar el examen de guir (conversión y retorno al judaísmo) en el año 2011. Siento un enorme agradecimiento por su generosidad, pues todos sabemos la escasez de tiempo con la que vive una persona que desempeña un cargo como el suyo, y desde aquí le quiero dar muchísimas gracias de corazón por realizar un sueño para mi familia y para mí, por el apoyo que nos ha concedido al escribir el prólogo a este libro. Gracias Harab Moshé, todo lo bueno del Cielo para usted y su esposa, nuestra querida Rabanit Coty. Maestros espirituales.

Es de bien nacidos ser agradecidos…, por eso agradezco de nuevo a todos los Rabinos anteriormente citados, todos guías en mi camino espiritual, por la confianza y el apoyo que me han dado, tan significativo para una persona sencilla como yo. D'ios los bendiga grandemente a ellos, y a sus amadas familias, y prospere siempre sus caminos para la bendición de ellos y la de todos nosotros.

Con éste ya voy por mi segundo libro escrito, y si D'ios lo permite tengo intención de seguir escribiendo… Pero si me conocierais, veríais que en absoluto doy el perfil de una persona académica o doctorada, pero es verdad que siempre leo en los libros que los autores agradecen a su familia y le piden perdón por el tiempo que le restaron, tengo que decir que no es mi caso… Tengo tiempo suficiente para escribir sin que nadie lo note, pues mi amado hijo apenas está en casa al ser un estudiante de yeshiva. Pero sí quiero agradecer desde la oportunidad que me brinda la ocasión, a mi madre Shulamit, por permitirme siempre que le lea y en repetidas ocasiones mis escritos, y le agradezco enormemente sus aportaciones y aciertos. Y a mi amado y querido hijo Baruj le doy gracias simplemente por su madurez, por su sencillez sin aderezos y apariencias, por ver todo a su alrededor con buen ojo y no haber salido una queja nunca de su boca, por ser feliz con muy poco, y por su noble y humilde personalidad, que lo hacen un ser tan especial.

Gracias querida mamá y gran maestra espiritual en el camino a D'ios. Gracias querido y amado hijo, por haberte convertido sin proponértelo en otro guía espiritual para mí... Que D'ios os dé larga vida hasta los 120 años con mucha salud, amor y felicidad interna. Gracias a los dos, a los que siento enviados del cielo en mi caminar y al Creador por permitirme formar parte de vosotros. ¡Que veáis vuestro mundo durante vuestra vida!

Gracias también, por supuesto, al judaísmo que me ha enseñado la verdad, y me la sigue enseñando cada día...

Y a los protagonistas del motivo de este libro, ¡a los lectores!, os doy las gracias de corazón por dedicarle tiempo a su lectura, a su mensaje.

A los que ya conocemos al D'ios verdadero, que podamos ser siempre portadores de Su verdad, y ser Luz para el mundo, y a los que estáis en camino, os deseo a todos que conozcáis esa verdad y al D'ios Único, tan necesario y urgente en las vidas de cada ser humano.

Que muy pronto podamos ser todos portadores de la Luz Divina, y que veamos la redención del Pueblo de Israel, y del mundo entero con la llegada del Mashíaj, y la reconstrucción del Tercer Templo, en la santa ciudad de Jerusalén.

¡Amén!

PRÓLOGO

Con mucha alegría y satisfacción he recibido la copia del libro *Y Escogerás la Vida...* de la autora Sarah Israel, tuve el honor de tenerla junto a su madre e hijo como miembros de la Comunidad Judía de Madrid antes de emigrar a Israel.

En este libro, Sarah nos habla de los principios fundamentales del judaísmo con sabiduría, erudición y sencillez, para que incluso una persona que no conoce nada de judaísmo, pueda entender todos sus principios esenciales sin ninguna dificultad.

De los trece principios de fe que Maimónides enumera, el primero es que D-s es el Creador del mundo y Dirige la creación, por eso es importante constatar que el libro comienza con el tema ¿Qué sabemos de D-s?, y continúa con una breve historia del Pueblo judío, para entender cómo surge el judaísmo, quién fue Abraham y cuál es el significado del pacto establecido con D-s, y como Abraham transmitió este mensaje a su descendencia.

También nos habla de la conexión de la Tierra de Israel con el Pueblo judío, y la centralidad de Jerusalén como capital del Estado de Israel. Es interesante el análisis de la época mesiánica, y el concepto del Mesías para el judaísmo, y cómo el establecimiento del Estado de Israel en 1948 marca el comienzo de la futura época mesiánica.

También hay que destacar el análisis detallado de los siete preceptos de Nóaj, y de los Diez Mandamientos que todo el Pueblo judío recibió en el monte de Sinaí en revelación colectiva, en una experiencia única en la historia.

Una vez realizado todo este análisis, el libro llega al capítulo siete, donde nos habla de que después de toda esta información, lo importante es escoger la vida, Debarim 30:19 (Deuteronomio), y nos sugiere la autora escribiendo la siguiente frase: «Escoger la vida es escoger al Pueblo de Israel como nuestro aliado».

En el capítulo nueve nos habla del concepto «Tikun Olam», la reparación del mundo con el Mesías de líder mundial, época marcada por la espiritualidad, la justicia, la paz y el reconocimiento de D-s como Creador y Director del universo. Para llegar a este Tikun, es necesario reparar nuestras cualidades morales, principalmente desarrollar la humildad, el amor y el perdón.

El mensaje principal del libro es que tomemos conciencia de que hay un Creador que dirige el mundo, e intentemos generar una relación con Él, y vivir acorde a Sus leyes, pues Él eligió a Israel para ser su embajador en este mundo, y proclamar Su mensaje.

Muchas gracias, Sarah, por haber escrito este segundo libro, que de seguro va a ser muy provechoso para las personas que quieren conocer el judaísmo y la trayectoria del Pueblo de Israel en la historia.

Que D-s te otorgue mucha salud, bendición y fuerza para seguir iluminándonos con tus enseñanzas.

Con admiración.

Rabino Moisés Bendahán Israel
Rabino Principal de la Comunidad Judía de Madrid
y presidente del Consejo Rabínico de España

INTRODUCCIÓN

En muchas ocasiones me han preguntado, ¿cómo pude dar este giro a mi vida y hacia esta dirección?

A grandes rasgos, os contaré que a mi vida y a la de mi pequeña gran familia, mi madre y mi hijo, llegó por voluntad Divina el entendimiento de que D'ios sí existe y dirige el mundo, que Él es Uno y Único y que es el D'ios del Pueblo de Israel.

Después de haber entendido esta verdad, el Creador nos mostró que éramos Bne Anusím; hijos de los judíos forzados a convertirse al cristianismo en la época de la Inquisición española (año 1492).

Tras acabar nuestro proceso y retorno formal al Pueblo judío, nos fuimos a vivir a Israel. Escribí un libro sobre nuestra historia de título *Vasijas Reparadas*.

Las personas que hacen una transformación en sus vidas como la que he podido hacer yo traen detrás una educación y unas costumbres intrínsecas, generalmente las del país de origen.

En mi caso, incluso en España, país en el que viví parte de mi vida, mis costumbres no eran tan comunes a lo que me rodeaba y quizás esto lo hace algo más llamativo.

Para que os hagáis una idea, mi padre, ya fallecido, fue anarquista que lideró durante años una sede de extrema izquierda. Tenía un especial rechazo al régimen eclesiástico, aunque por increíble que parezca, ya que las personas de extrema izquierda suelen denominarse a sí mismas ateas, estudiaba otras formas de expresiones religiosas, siempre en la búsqueda constante del Ser Supremo.

En nuestra casa había una lucha inevitable de perseguir la justicia y la verdad, a pesar de que esto no siempre resultaba cómodo socialmente. Por otro lado, y a causa de una enfermedad grave que padeció en su adolescencia, fue tratado con un tratamiento naturista, y se curó de su enfermedad. Eran tiempos en los que el naturismo era no sólo desconocido, sino rechazado.

Desde entonces hizo del naturismo la doctrina de su vida y de la madre naturaleza su "D'ios". Ésta fue la educación y la visión de la vida en la que me crie.

Tras un proceso de limpieza y aprendizaje, entendí que las ideologías y las religiones (el judaísmo no es exactamente una religión, es la forma de vida del Pueblo judío) son un fracaso o el fracaso, para regenerarnos y recuperarnos como seres humanos, si queremos volver a la raíz del porqué estamos en este mundo.

Comprendí que hay que alimentarse de manera sana, sin caer en los extremismos, pues nos apartan de la manera en la que de momento D'ios nos indica cómo comportarnos en este mundo que ahora conocemos (en el mundo por venir, la humanidad volverá a ser vegetariana como el primer hombre), y además aprendí que los extremismos a nivel alimenticio quitan la alegría al ser humano y lo esclavizan.

También comprendí algo muy importante: que la definición de la palabra «justicia», al conocer las leyes marcadas por el Creador, cobra sentido y explica el porqué de los sucesos que a nuestros ojos no son entendibles.

Y entendí que nuestro paso por este mundo es para rectificar nuestras acciones, rectificando el mundo para que llegue la paz mundial, cada uno desde el lugar y el rol en el que D'ios le tiene encomendado.

El ser humano tiene tendencia a intentar arreglar el mundo normalmente desde el desconocimiento; pero el miedo, el orgullo, la irracionalidad, la posición social, la cultura, el qué dirán los demás... y sobre todo la falta del conocimiento verdadero le impiden aceptar, entender y ser libre para declarar la verdad.

Pero para entender lo que sucede y esperar un cambio, tenemos que dejar de ser unos meros espectadores, y para ello tenemos que ser valientes, despojarnos del disfraz como seres individualistas que nos ha acompañado durante siglos, despojarnos de nuestra manera absoluta de entender las cosas, y enfrentarnos a los prejuicios, la envidia, el egoísmo y la inmoralidad tan vulgarmente apreciada en nuestros días.

Tenemos que dejar de jugar a ser «D'ios». Hay que mirar en nuestro interior y preguntarnos:

¿Acaso conozco a D'ios de verdad?

¿De verdad soy consciente de por qué juzgo, denuncio, persigo y calumnio al Pueblo judío?

¿De por qué me es indiferente, en el mejor de los casos, o de por qué rechazo y tengo aversión y odio, en el peor de los casos, hacia todo lo que suene a judío, y a que tengan una tierra propia donde vivir?

¿De verdad tengo la verdad absoluta, si jamás estuve en la piel de un judío, si no los conozco? ¿Acaso conozco su historia?

Necesito contar quién es ese D'ios del que hablo, y quién es el Pueblo de Israel, y por qué es tan vital que entendamos lo antes posible el porqué de tanta confusión alrededor de los judíos y de D'ios, que es el de toda la humanidad, ya que hay Uno solo.

Quizás por tener la vivencia de ambos lados y de manera humilde, dispongo de una pequeña parte de las herramientas para hacerlo y, por extraño que suene, D'ios me empuja a hacerlo.

De no haber conocido esta verdad, a mí me gustaría que me lo hubieran dicho. Es un fracaso existencial desconocer qué hacemos aquí en este mundo, y hacia dónde se dirige nuestra existencia. Y lo más grave, haciendo daño aunque sea inconscientemente, pero esto no evita nuestra responsabilidad de que con ese daño se creen efectos colaterales catastróficos para con uno mismo y para con cada uno de los habitantes de este planeta, ya que agravamos el bien de todos los bienes comunes, el amor por la vida y la llegada de la Paz.

El Creador dirige el mundo y sabe cuál es el propósito de cada uno de los acontecimientos personales, colectivos y mundiales.

Para ir terminando esta introducción, iréis viendo que en este libro no se profundizará demasiado en la historia como tal. Lamento si en ocasiones querríais saber más…

Qué puedo decir… ¡No soy historiadora! Para conocer la historia del Pueblo de Israel hay libros maravillosos escritos por profesionales y entendidos. Aunque intentaré, de acuerdo al tema que vayamos viendo, que por lo menos se reflejen los conceptos básicos para poder situarnos. ¡Así lo espero!

Me centraré sobre todo en el mensaje de la Torá; la Ley Divina. Este mensaje no está sujeto a fechas y no habla en pasado, siempre está vigente. Aunque estoy segura de que se me escaparán muchísimos referentes históricos y de la propia Torá que darían más riqueza y afianzarían mucho más la labor de este libro. En realidad, este libro es una pequeña muestra para todo lo que de verdad quedaría por decir.

Dicen que «lo que sale del corazón llega al corazón», así que, como dije unas líneas antes, intentaré desde la sencillez del corazón que conozcamos de manera general al gran desconocido Pueblo de Israel, su función y sus valores, otorgados por el cumplimiento de la Torá.

Y sin ninguna intención de proselitismo, ya que los judíos tenemos prohibido convencer a la gente para que se conviertan al judaísmo, pero por supuesto hablaremos (pues es también uno de los cometidos de este libro), de cómo el Creador pide y muestra a los no judíos que tienen que vivir y dirigir sus vidas, pues D'ios no se olvida de ninguna de sus criaturas, y para todos creó su propio plan. Y todo en conjunto nos llevará al reconocimiento y la necesidad de querer estar bajo Su amparo.

A pesar de que soy judía, el lenguaje del libro normalmente, aunque seguro que habrá excepciones, lo expresaré en tercera persona del plural, por ejemplo: «los judíos tienen…» en vez de, «los judíos tenemos…». Me parecía más apropiado así.

Los nombres propios, como veréis, unas veces los encontraréis según la fonética hebrea y otras en español. Me costó decidirme en esto, me hacía sentir que faltaba el respeto al hebreo, la lengua santa, pero, dada la naturaleza del libro y que no siempre el lector tiene que haber estado familiarizado previamente con el lenguaje hebreo, consideré escribirlo según procediese. De todas formas, cuando aparezca un nombre en fonética hebrea, siempre encontraréis a continuación entre paréntesis como suena en español, o al contrario si fuera necesario. Espero haber acertado.

Otro punto importante, cuando me refiera a D'ios será escrito con un apóstrofe de separación ya que por Su santidad no se puede escribir todo junto, esto lo explicaremos de manera especial en el libro. Y siempre que nos refiramos a Él, ya sea como pronombre, adjetivos calificativos…, siempre se escribirá en mayúsculas, para otorgarle el respeto necesario y obligatorio.

Este libro puede tener muchos tipos de lectores y, aunque pueda parecer estar enfocado para las personas no judías, no necesariamente tiene que ser así, pues hay una parte importante del Pueblo de Israel que no ha descubierto aún la importancia y el cometido de pertenecer a su pueblo, e incluso al D'ios que les escogió y les espera.

A todos los apreciados lectores, pido por favor que no os alarméis si encontráis dificultad en aceptar o entender en principio lo que leeréis en este libro, se da por hecho que no es fácil y puede tomar su tiempo. También es probable que quizás haya partes en las que uno se sienta más identificado que en otras. Durante el transcurso del libro iremos entendiendo.

Sólo te pido, lector, que le des el tiempo oportuno al recorrido de la lectura del libro, que te centres en el mensaje y que abras tu mente y tu corazón. Gracias de antemano por la buena voluntad de querer entender.

Espero que D'ios me guíe con sabiduría y que cada palabra sea dirigida por Él, y Le pido en un trabajo constante interno que yo también sea merecedora de ser embajadora de las palabras de este escrito, para que Su Santo Nombre sea alabado por siempre.

Por último, si hay conceptos, citas, palabras… que no te son familiares, al final del libro habrá un glosario con las palabras más destacadas. Aprovecho también para decir (y dependiendo del tipo de lector) que si queréis leer y ampliar el conocimiento por vosotros mismos sobre la Torá, Profetas, Salmos…, por favor, utilizad como guía un ejemplar que sea utilizado por el Pueblo judío. Esto es muy importante para que no encontréis tergiversaciones o malas traducciones.

Y, si después de terminar este libro se te despierta la necesidad de seguir conociendo, te animo a que continúes, encontrarás la senda dispuesta para ti por el Creador de cada alma.

¿Te atreves?

D'ios habla a los corazones y a todos nos creó uno.

**Yo soy D'ios, que hace todo,
tiendo el cielo Yo solo, extiendo la tierra Yo mismo.**

Yeshayahu (Isaías) 44:24

¿QUÉ SABEMOS DE D'IOS?

Creemos saber de D'ios, y si fuéramos honestos reconoceríamos que prácticamente no sabemos nada de nada sobre Él. La imagen que el hombre secular tiene de D'ios es la de un «ser» que dicta normas, leyes y que no actúa con justicia. Incluso si preguntáramos hoy en día, muchos en su atrevimiento e ignorancia dirían no creer que existe.

Por otro lado, a lo largo de la historia vimos y vemos que las religiones asesinan y siembran el terror en el nombre de su «D'ios», o que se atribuye a sí mismas el nuevo pueblo elegido, ¡como si el Creador se equivocara en Sus proyectos y elecciones!

Luego están todo tipos de sectas que impiden a las personas pensar y actuar por sí mismas. Y luego multitud de filosofías que entretienen las mentes y al cuerpo, generando seres individualistas, centrándose sólo en ellos mismos.

Pero es evidente que las personas de estas entidades aún no han conocido al Único y verdadero D'ios, y que veneran a una deformada expresión del mismo. Y que, debido a la desviación espiritual que les arrastró por sus acciones equivocadas y a la cultura que de acuerdo a esto fueron creando, así dirigen sus vidas, construyendo a través de la historia sus deformadas creencias a partir de la fuente verdadera, que no es otra sino la del Creador del universo, D'ios de Israel.

Y sintiéndose en la verdad, y de acuerdo a la esencia de cada una de ellas, ha habido y hay hasta en nuestros días barbaries, como lamentablemente la historia nos demuestra.

Esta visión de D'ios es bastante banal, ya que en realidad lo vemos así a través del comportamiento de los individuos que forman estas religiones, sectas o filosofías y, a partir de esto y de manera irresponsable, definimos quién es D'ios.

Precisamente, porque están carentes del conocimiento verdadero del Creador, se comportan de manera errónea. Está claro que hay una deformada y tergiversada visión del Creador en cada una de ellas. Pero esto no significa que D'ios no exista, o que sea un D'ios injusto, y todas esas barbaridades que se le atribuyen.

Y luego está D'ios, el Único y verdadero, Luz infinita que creó el universo y todo lo que contiene. El D'ios que trazó un plan personal para cada una de sus criaturas. El D'ios ajeno a todo lo que se le atribuye, porque D'ios está fuera de nuestro cliché mental, D'ios no se encuentra en ese registro, es como culpar al agua de ser agua, cuando es lo único que nos calma la sed y nos mantiene con vida, ¡por favor, sin venir a comparar a D'ios con el agua!, lo traigo como ejemplo sencillo al entendimiento limitado que tenemos los seres humanos.

La buena y necesitada noticia es que D'ios sólo hay Uno. No hay uno para los judíos, otro para los musulmanes, otro para los cristianos, o para una religión filosófica. En este momento estaréis pensando, «claro todas creen tener la razón», y tú también crees tenerla. Tendríais razón si no fuera porque todas las creencias parten del origen del D'ios del Pueblo de Israel, y son posteriores. Esto es categóricamente así, podéis comprobarlo históricamente.

En realidad, definir quién es D'ios es algo incorrecto. Así que más que intentar definir quién es Él, lo que de verdad es correcto es intentar conocer quién es Él a través de Su voluntad y Sus cualidades. Y esto y a las alturas de la historia de la humanidad en la que nos encontramos, sólo es posible conociendo y entendiendo a ese gran desconocido Pueblo judío y a la Tierra que D'ios le prometió y que al ser habitada por sus herederos de nuevo, el mundo podrá llegar así a su rectificación y a la tan necesitada paz mundial.

Mark Twain, famoso escritor norteamericano, dijo: «Todas las cosas son mortales menos el judío; todas las otras fuerzas pasan, pero el judío permanece. ¿Cuál es el secreto de su inmortalidad?».

Intentaremos a través del recorrido de este libro descubrir el porqué del secreto de su inmortalidad.

PRIMERA PARTE

Breve historia del Pueblo de Israel
desde el principio hasta nuestros días

Y te convertiré en una gran nación y te bendeciré;
y engrandeceré tu nombre y serás bendición.

Bereshit (Génesis) 12:1,2

CAPÍTULO 1
HARÉ DE TI UNA GRAN NACIÓN

ABRAHAM

El patriarca Abraham, el hombre escogido por D'ios como el representante para comenzar la creación del Pueblo hebreo, fue un hombre revolucionario para su época. Una persona dotada de una sensibilidad especial y unas cualidades magníficas, destacado y recordado por su gran fe, amor y entrega a los seres humanos.

D'ios encontró en Abraham a la persona idónea a través de la cual podría ser bendecida la humanidad en su totalidad. D'ios no sólo buscaba bendecir a Abraham, dicho de otra manera, D'ios no buscaba bendecir sólo a Israel. La Tierra de Israel estaba ya preparada, el Creador sólo necesitaba al candidato que le representara y tuviera la capacidad de habitarla y llevar a cabo la ardua tarea de ser ejemplo para el resto de los pueblos.

Abraham amaba hacer el bien por amor al bien, sin intereses ocultos. Andaba en busca de la razón de la existencia, y de Su Creador. Se podría decir que tenía muchos buenos rasgos de carácter que le definían. De los más destacables serían: búsqueda de hacer el bien al necesitado, búsqueda de la obediencia y servicio al Creador, y amor a la justicia y a la verdad. Bases y características del Pueblo judío que se mantienen hasta el día de hoy.

El Patriarca Abraham es reconocido también por las dos principales religiones, el islam y el cristianismo, como la persona en la que ellas basan sus cimientos. A favor del islam debo decir que no es una religión de prácticas idólatras, de lo cual hablaremos a continuación.

Desde el comienzo de los tiempos, el ser humano fue creado para servir al Creador de todo el universo y de toda criatura. Fue a través de la transgresión del primer hombre, Adam y Eva, que todo empezó a cambiar y el instinto del mal comenzó a desarrollarse. Los seres humanos de entonces y también los de ahora buscaban la espiritualidad, desafortunadamente tomando caminos equivocados, creando ellos mismos dioses inexistentes a los que les daban normalmente formas humanas o de animales, obedeciendo a ritos y supersticiones.

Éste era el ambiente en el que el patriarca Abraham creció. El padre de Abraham, Teraj, comerciaba con ídolos. Vendía estatuas a las que él y su entorno atribuían poderes divinos y sobrenaturales. Estatuas a las que rezaban e idolatraban, no mucho más diferentes de lo que vemos hoy en día en algunas creencias religiosas.

Cuenta el midrash,[1] que el padre de Abraham, Teraj, un día tuvo que viajar dejando a cargo de Abraham su negocio de ídolos. A los clientes que llegaban, Abraham intentaba convencerles del falso poder de las estatuas. Cuando su padre regresó de su viaje, se encontró que las estatuas estaban rotas. Éste preguntó a su hijo qué había sucedido. Abraham le explicó que la estatua mayor tomó un martillo y comenzó a destruir a las de

---

1. Midrash; investigación de un escrito de la Torá, buscando su significado interior.

menor tamaño. Teraj, enfurecido, gritó a Abraham y le dijo, «¡quieres engañarme, no sabes que las estatuas no tienen vida, y no pueden moverse…!». De alguna manera la actitud de Teraj se mantiene en muchos sentidos hasta nuestros días, hay un autoengaño complaciente…, pues seguimos sin hacer los deberes para los cuales fuimos creados.

A través de este midrash que leímos, podemos hacernos una idea de la personalidad de la que estaba formado Abraham. Un hombre que de repente se encuentra con miles de preguntas, y que no se conforma con las prácticas paganas del entorno en el que se hallaba.

Tengamos en cuenta que en la época de la que hablamos no se tenía la información que sabemos hoy en día de lo que sucede en otras partes del mundo. Él estaba solo ante una comunidad que no miraba con buenos ojos lo que su ser sentía. Sin embargo, sólo él fue aprobado a los ojos de D'ios.

Lo que hizo fue una verdadera proeza. Abraham sólo obedecía a esa voz interior que le decía que la verdad, la justicia y el amor es el camino a seguir, y esto sólo se conseguía obedeciendo y sirviendo a ese D'ios que le hablaba a su corazón y conciencia.

Y, aunque Abraham sólo hubo uno, D'ios no sólo le dio a él la capacidad de saber cómo servirle desde el camino de la verdad. Todos podemos abrir nuestro corazón y comenzar esa búsqueda.

D'ios dijo a Abram: «vete por ti de tu tierra y de tu lugar de nacimiento, y de la casa de tu padre, a la tierra que yo te mostraré [Israel]. Y te convertiré en una gran nación y te bendeciré; y engrandeceré tu nombre y serás bendición».

Bereshit 12:1,2

Con esta cita de la Torá comenzaba la historia del Pueblo de Israel. Abraham vivía en un pueblo llamado Ur de los Caldeos, y fue llamado el primer «ivrí», el primer hebreo (el término hebreo se traduce como «quien se encuentra del otro lado», ya que viene del verbo hebreo pasar. Transliterado «laabor»).

Abraham fue el primero en pasar al otro lado del río, el Éufrates, y el primero en abandonar las prácticas paganas e inmorales que los alejaba del Creador. Fue el primero en cruzar o posicionarse al otro lado, al lado del conocimiento de la Verdad.

Junto a su esposa Sarai (más adelante D'ios le cambió el nombre por Sarah), y un remanente de personas que le siguieron, se levantaron de Ur de los Caldeos y se dirigieron hacia Kenáan (en referencia a Israel), obedeciendo la voz del Ser Supremo que ordenó al patriarca Abraham salir de la tierra en la que hasta ahora había vivido y dirigirse a una Tierra desconocida para él.

Abraham no se levantó y se fue por interés o por la promesa de que su nombre sería engrandecido, esta promesa de ser engrandecido era una decisión Divina de la que él sería el primer protagonista.

Cuando Abraham hubo reconocido a ese D'ios que hablaba a su conciencia y que respondía a todas sus preguntas interiores, como al Único y verdadero, entonces D'ios supo que Abraham estaba preparado para recibir la orden de levantarse e irse, y cruzar al otro lado del río, para ser el primer hebreo.

D'ios sabía que había encontrado al hombre con las cualidades y valores que Él necesitaba para entregarle la sagrada Tierra de Israel, el lugar escogido por el Creador para que Abraham y su descendencia habitaran, y de la cual sería proyectada bendición para el resto de las naciones, engrandeciendo el nombre de Israel sobre el resto, por la eternidad.

PACTO PERPETUO

Estableceré Mi pacto entre Mí y tú, y entre tu descendencia después de ti a través de sus generaciones como pacto perpetuo, para ser D'ios para ti y para tu descendencia después de ti. Y a ti y a tu descendencia después de ti entregaré la tierra de tus peregrinaciones —toda la tierra de Kenáan— en posesión perpetua: y Yo seré D'ios para ellos.

Bereshit 17:7,8

El pacto que D'ios estableció entre Él y Abraham fue el pacto de la circuncisión. Abraham tenía 99 años cuando se circuncidó por orden divina, sin embargo, a pesar de su edad, él cumplió con la orden. Otra vez vemos que Abraham fue una persona que tenía confianza ciega en ese D'ios que en sucesivas ocasiones le pidió que realizara actos que le distinguirían de entre el resto.

Estos ejemplos sobre Abraham, sobre alguien con capacidades únicas y especiales, nos pueden parecer repetitivos, no es la intención y a veces será inevitable, lo que quiero es acercaros lo máximo posible a la personalidad y la esencia de la que está formado el Pueblo judío.

Un pueblo que teme y respeta por encima de todo los mandamientos divinos, y que no teme llevar una señal física que no tiene vuelta atrás, además en un miembro que para el hombre representa su fuerza, su orgullo y sus más bajos instintos. Durante las persecuciones a la que los judíos han sido sometidos a lo largo de la historia, en muchas ocasiones fueron identificados como judíos precisamente por tener la circuncisión, la señal del pacto entre ellos y D'ios.

Cuando pensamos en la definición de la palabra «pacto», a todos nos viene a la mente una alianza irrompible, una promesa inquebrantable. Pero tratándose de un pacto realizado por el

Creador, pasa a un plano superior e inalcanzable, ya que Sus palabras no vuelven atrás, como podría darse el caso en el ser humano.

Después de cumplida esta condición por Abraham y los varones que le acompañaban, D'ios les regaló oficialmente la promesa de que Él sería su D'ios para todas sus generaciones. (La circuncisión por pedido divino desde entonces y hasta nuestros días se realiza al bebé a los ocho días de nacer).

Ahora ya no quedaba duda de que la tierra de Kenáan (Israel) les debía ser entregada por posesión perpetua, y así D'ios se lo hizo saber.

MOSHÉ (Moisés)

Pero el hombre Moshé era muy humilde [más] que toda persona que hay sobre la faz de la tierra.

Bemidbar (Números) 12:3

Moshé (Moisés) fue el mayor profeta del Pueblo de Israel. Nació en la época que el Pueblo hebreo estaba esclavizado en Egipto. El faraón que reinaba en ese momento había decretado arrojar a cada varón recién nacido al río hasta que se ahogaran todos. Moshé pudo ser escondido hasta los tres meses y, cuando fue evidente que no podrían mantenerlo por más tiempo oculto, su hermana Miriam, para evitar que lo encontraran y lo mataran, lo metió envuelto en una cesta de juncos y lo colocó junto a la orilla del río.

Miriam esperó para ver qué suerte correría el pequeño Moshé. Bityá, la hija del faraón, llegó para bañarse en el río y encontró la cesta con el bebé. Cuando Bityá lo vio enseguida lo reconoció como un niño hebreo. Buscó una nodriza que lo pudiera amamantar y de esta manera Miriam llevó al pequeño a su propia madre para que lo amamantara. Bityá llamó al niño Moshé, que significa sacado de las aguas, ya que fue sacado de ellas, y lo crio en el palacio como si de un hijo propio se tratara.

Ya en la edad adulta, Moshé, al ver el trato cruel que recibían los hebreos de parte de los egipcios, y durante un enfrentamiento con un egipcio, para evitar el cruel maltrato ejercido contra ellos, el egipcio resultó muerto. El faraón cuando supo del suceso procuró matar a Moshé. Moshé tuvo miedo y huyó hasta Midyán. Allí D'ios se le reveló y le habló pidiéndole que regresara a Egipto para ser el libertador del pueblo esclavizado. Moshé en un principio se negó, en absoluto se veía capacitado para semejante envergadura sin precedentes. Al final reconoció que él sólo sería un instrumento en las manos del Creador y accedió con la fe absoluta de que, si la voluntad de D'ios era libertar a Su pueblo, aun con dificultades, sucedería.

Éste es un breve resumen de la figura histórica de Moshé. Pero ¿quién fue Moshé? ¿Por qué fue elegido para ser el libertador de los hebreos? La respuesta la tenemos en el versículo del comienzo. *«Pero el hombre Moshé era muy humilde, [más] que toda persona que hay sobre la faz de la tierra»*.

Moshé fue un líder, el libertador y redentor de los hebreos. Si hacemos un ejercicio de pensar e imaginar en la figura de un líder, destacaríamos a una persona carismática, emprendedora, segura de sí misma, que goce de simpatía por una gran mayoría, y por supuesto que cuente con el don de la palabra, que al fin y al cabo ésta es una de sus herramientas más poderosa.

Moshé no poseía ni siquiera una de estas características. No era carismático, no era emprendedor, recordemos que no quería realizar la petición de D'ios, que a los ojos de la mayoría de los humanos serviría para recibir honor y gloria. No tenía seguridad en sí mismo, sobre todo en el comienzo de su andadura como líder, dudaba de sus capacidades. Nunca gozó de la simpatía del pueblo, se quejaron contra él en numerosas ocasiones. Y, por más increíble que nos resulte, ¡Moshé tartamudeaba!, tenía un problema físico en los labios. Ésta era una de las cosas que más inseguridad le creaban.

Así que, sin duda alguna, Moshé fue el escogido por ser el más humilde de todos los hombres. D'ios necesitaba de una persona de absoluta confianza, madurez y entrega espiritual.

La humildad de Moshé le permitía llevar a cabo dos de los cometidos principales, liderar al pueblo bajo el criterio de D'ios, sin entrar consigo mismo en un debate interno, del tipo «yo lo haría de esta u aquella manera…, voy a demostrarle a D'ios que se puede hacer esto de otra forma…», y por otro lado con un amor incondicional al pueblo, sin ningún interés oculto.

Al escoger a Moshé, el Creador nos quiso demostrar que sólo a través de la humildad se puede agradarle, que a través de la humildad Él nos escoge, y nos hace grandes.

No tenemos que confundir humildad con rasgos como pobreza de espíritu, sumisión o con pobreza económica… La humildad se define por la persona que conoce sus limitaciones y debilidades, que sabe ocupar su lugar, sabe cuál es su rol, que no ama la discordia, que no actúa con doblez, noble de carácter… y, por supuesto, jamás piensa que está por encima de los demás. Más adelante hablaremos de cómo la humildad nos va a demostrar que es el eje central de la redención del mundo, de la llegada de la paz.

Después de la liberación de la esclavitud en Egipto y después de que atravesaran el Mar Rojo al abrirse milagrosamente, D'ios los llevó al desierto y a los pies del monte Sinaí les entregó la Torá. La palabra «Torá» significa *instrucción, enseñanza*, y en ella están las leyes por las que los judíos tienen que vivir. En el acto de la entrega de la Torá fue donde los hebreos se formaron oficialmente como pueblo, el Pueblo de Israel.

Con la conducta de Moshé destacando por encima de cualquier cualidad, la humildad, D'ios les estaba enseñando y educando que ésta es la virtud requerida para alcanzar el cometido personal y colectivo.

La tradición judía cuenta que D'ios, antes de entregar la Torá a los hebreos en el monte Sinaí, preguntó a otros pueblos si querían recibirla, pero éstos por diferentes excusas dijeron que no, alegando que sería una carga pesada y que no serían capaces de someter su naturaleza interna y aceptar todas las normas y estatutos que trae el cumplirla.

Por lo tanto, el Pueblo hebreo de alguna manera se «escogió» a sí mismo al estar dispuesto a cumplir las ordenanzas de D'ios, a ser portador de la verdad, y dispuesto a trabajar la humildad.

Puede que en Moshé esta virtud fuera un regalo del cielo, pero para la mayoría de los seres humanos la humildad, en mayor o menor medida, tiene que ser trabajada.

Y el Pueblo de Israel también la tenía que trabajar, pero sin duda alguna en el momento que ellos sin pensarlo asumieron ser embajadores (ésta es una de las funciones de Israel a la que le dedicaremos un capítulo) del cumplimiento de la voluntad del Creador del universo para el resto de los pueblos, lo que hoy llamaríamos naciones, ya tenían un camino recorrido a los ojos de D'ios de pueblo humilde.

PUEBLO ETERNO

D'ios dijo a Moshé: «Yo Seré el que Seré». Y dijo: «Así dirás a los Hijos de Israel: "Yo Seré me ha enviado a vosotros"». Y además D'ios dijo a Moshé: «Así dirás a los Hijos de Israel: El

D'ios de sus padres, D'ios de Abraham, D'ios de Itzjak y D'ios de Yaacov, me ha enviado a vosotros. Éste es mi Nombre para siempre, y ésta es mi mención para todas las generaciones».

Shemot (Éxodo) 3:14,15

Esta forma de presentarse que tuvo D'ios ante los israelitas (llamados así a partir de que D'ios le cambió el nombre al profeta Yaacov por el de Israel), según Rashi (uno de los mayores comentaristas de las enseñanzas de la Torá) fue Su carta de presentación categórica para trasmitirles la confianza y seguridad; ya que está expresado en futuro, que D'ios manejará los tiempos por siempre, que Él estará junto a ellos por todas las generaciones y en todas las situaciones por las que pasarán a través de la historia. Será Él que les guíe y acompañe en este cometido para el que Él mismo les ha encomendado.

Ahora tenemos conocimiento de los terribles sucesos que ha sufrido el Pueblo de Israel, pero para los hebreos, esclavizados en ese momento, era su primer hecho histórico en el que eran denigrados, apaleados, privados de su libertad… Fue como su primer holocausto y, para creer que D'ios les acompañaba, necesitaban algo más que saber que ellos eran los descendientes del D'ios de Abraham… D'ios no se mostró con un nombre, pero se mostró no sólo de la manera que ellos necesitaban en ese momento, sino también de la manera que necesitarían a lo largo de la historia.

«Yo Seré». Con estas dos palabras, D'ios expresa, advierte y declara la promesa de que el Pueblo de Israel es una extensión de Su voluntad misma, y a Su voluntad no se la puede alterar, ya que no está sujeta a cánones humanos, ni a emociones, ni a conceptos de justicia humana. Ningún acontecimiento del tipo que sea, o persona, podrá alcanzar ni transformar esas palabras. Nada creado, y nada por crear o descubrir, podrá alterar a *«Yo*

Seré», y a la voluntad del Creador de hacer eterno, como Él mismo es, al Pueblo de Israel, ya que Él los ha fusionado en Su eternidad, y los ha hecho una extensión de Él mismo aquí en la tierra. Y esto sencillamente hace al Pueblo de Israel inalterable al tiempo.

Entender esto de manera racional si no se tiene un mínimo de conocimiento y se mira con ojos de fe, soy consciente de que no es tarea fácil, pero sí podemos hacer el ejercicio de ver a «*Yo Seré*» a lo largo de la historia.

Cuando estudiábamos nos enseñaron que a lo largo de la historia hubieron muchos imperios y civilizaciones que durante mayor o menor tiempo reinaron y dominaron el mundo, para después desaparecer o, simplemente, dejar de ser un imperio al que temer y someterse.

Lo que tienen en común es que todos ellos eran más numerosos en número y fuertes en armamento que el pequeño Pueblo de Israel, y que todos intentaron destruirlo. Hablamos de los egipcios, asirios, persas, babilonios, otomanos, griegos, romanos... y, actualmente, es imposible no poner el tema sobre la mesa; el radicalismo islámico. De la mano de estos imperios y pueblos, los judíos han sufrido persecuciones, la privación de su identidad y su fe, y han sufrido muertes tan horribles que sólo el nombrarlas dañan y estremecen los sentidos, el corazón y el alma.

También «*Yo Seré*» es una señal de permanencia de la humanidad, ya que D'ios creó no sólo a los hebreos, sino también a otros pueblos. El Pueblo de Israel y el cumplimiento de la Torá por parte de éste son la razón de que D'ios dé continuidad a la existencia de todos. Dicho de otra manera, con la existencia y continuidad del Pueblo de Israel, todos los habitantes de este planeta se aseguran también su continuidad.

En esta breve historia, pudimos ver cuáles han sido las condiciones en crecimiento, ya que el cumplimiento de una de ellas permitía que la siguiente pudiera ser realizada, logrando que el Pueblo de Israel se formara y llegara hasta nuestros días. Recordemos:

- Reconocimiento del Único D'ios y Verdadero.
- Cumplimiento de la condición del pacto (circuncisión).
- Promesa de heredar la Tierra de Israel en posesión perpetua.
- Formación oficial del Pueblo de Israel con la entrega de la Torá, al ser un pueblo dispuesto y entregado a cumplirla.
- Elevación a la condición de pueblo eterno, pues el innombrable Santo Nombre de D'ios es Eterno.

Un reino de ministros y un pueblo santo.

Shemot 19:5,6

CAPÍTULO 2
ISRAEL

FUNCIÓN DE ISRAEL PARA LAS NACIONES

Y ahora, si escucháis diligentemente mi voz y guardáis mi pacto, seréis para Mí un tesoro de entre las naciones, pues Mía es toda la Tierra. Pero vosotros seréis para Mí un reino de ministros y un pueblo santo.

Shemot 19:5,6

En un ejemplo anterior vimos de la supervivencia de Israel sobre los imperios, reinados, civilizaciones pasadas... y más adelante en la historia: Inquisición, pogromos, cruzadas, y el holocausto nazi en el que murieron seis millones de judíos. ¡Un tercio del pueblo! Un pueblo que además siempre ha sido insignificantemente pequeño en número; en la actualidad hay alrededor de 14,8 millones de judíos en todo el mundo, y ni siquiera están todos reunidos; por aquello de que la unión hace la fuerza, frente a los 7 700 millones de habitantes que hay en el planeta...

¡Cómo no podemos ver que aquí hay algo sobrenatural!

Creo que ha llegado el momento de ponernos serios de verdad con este asunto y ser honestos y, si nunca antes habíamos caído en la cuenta de esto, a pesar de que escuchamos hablar sobre Israel todo el tiempo, quizás se nos brinda la oportunidad para reflexionar.

Los judíos han estado en todo el recorrido de la historia de la humanidad y son un pueblo muy reducido en número.

¿Por qué? ¿Qué los hace tan invencibles?

Cuando D'ios pensó en crear el mundo tal y como lo conocemos, la Torá ya estaba creada de antes. Estaba reservada hasta encontrar a los indicados para que la observaran y dieran sentido a Su decisión de crear este mundo. Como hemos visto en el primer capítulo, el Creador encontró a los indicados en el Pueblo de Israel, y por eso se la entregó a ellos. Aquí es donde empieza la función de Israel para las naciones.

Por un lado tenemos:

- La Torá; la ley de D'ios, razón por la cual Él creó el mundo.
- Israel, que es el escogido para ejecutarla.
- Las naciones que son el resto de los pueblos, y que, por supuesto, también por voluntad divina fueron creados.

Como vemos en la cita con la que comenzamos, el Pueblo de Israel justo antes de la entrega de la Torá en el monte Sinaí fue nombrado «reino de ministros» y «Pueblo Santo».

La palabra «reino» nos indica soberanía, grandeza; que en nuestro caso no sería sinónimo de opulencia, recordemos que una de las cualidades del Pueblo de Israel es la humildad. Y además eleva de manera colectiva a cada uno de los integrantes como ministros, dicho de otra forma, el Pueblo judío es el Embajador de D'ios en la Tierra.

Y ahora definamos «Pueblo Santo»: pueblo separado, apartado de lo impuro, consagrado a D'ios.

Recordemos esto de «pueblo santo» y derivados del adjetivo calificativo «santo» ya que más adelante le dedicaremos una mención especial.

¿Y cuál es el ministerio que D'ios encomendó al pueblo? Su ministerio y labor para la humanidad es el de sostener el mundo. Sostenerlo para que éste tenga continuidad.

Está escrito en Pirkei Avot (libro sobre las leyes de ética del Pueblo judío), en el capítulo 1, mishná 2: *sobre tres pilares se sostiene el mundo: sobre la Torá, el servicio divino y los actos de bondad.* (Esto lo veremos en otro capítulo).

Hay otro ejemplo quizás más conocido en Yeshayahu 49:6, D'ios dice al Pueblo de Israel que serán *«luz para las naciones».* La luz es la Torá con todos sus niveles de sabiduría e interpretación, y los encargados de obedecerla y trasmitirla de generación en generación son los judíos, y el efecto colateral de la supervivencia del Pueblo judío conlleva la continuidad del resto de los pueblos. Así de complejo y así de sencillo.

Recordemos que fueron elegidos por voluntad Divina. Por lo tanto, habría que llegar a la conclusión que tener aversión personal contra los judíos, como hasta ahora la historia lo demuestra, es absurdo, pues es ir en contra del Creador mismo.

Si nos fijamos bien, siempre vamos a parar al mismo punto, la Torá y su cumplimiento. La vida humana se mantiene sólo mientras haya personas que estudien Torá, y cumplan la voluntad de D'ios. Así que, si sacamos cuentas y aunque sea por conveniencia, conviene que los judíos existan para que la humanidad pueda seguir existiendo. Las buenas noticias son que, por mucho empeño que se ponga en la no existencia de los judíos, éstos son eternos. Recordemos, como vimos anteriormente, que el Pueblo de Israel es eterno ya que está ligado y fusionado con la eternidad del Creador.

Puede que no resulte fácil entender esto, e incluso aceptarlo; sobre todo por desconocimiento y por la imagen tan negativa que se ha generado contra los judíos. Para ayudarnos pensemos siempre en el curso de la historia de la humanidad, y en la supervivencia sobrenatural y milagrosa contra viento y marea de los judíos a lo largo de los tiempos. Y además no bastando sólo con eso, de repente pueden regresar a su tierra ancestral, Israel.

REGRESO A LA TIERRA

Así dice D'ios: Cuando haya recogido a la casa de Israel de entre los pueblos donde están dispersos y los haya santificado a la vista de las naciones, morarán en su propia tierra que le di a Mi siervo Yaacov [Jacob].

Yejezquel (Ezequiel) 28:25

Este versículo del profeta Ezequiel fue profetizado hace más de tres mil años después de la creación del mundo, cuando Ezequiel se encontraba desterrado en Babilonia junto con la mayor parte del pueblo, previamente a la destrucción del Primer Templo en Jerusalén, 422 años antes de la era común.

Tras el exilio del pueblo fuera de la Tierra de Israel, que ha durado dos mil años (aunque siempre se quedó en ella un pequeño remanente de judíos), D'ios los alienta y les recuerda que serán devueltos de nuevo a la Tierra prometida, su herencia.

Éste es un hecho inexistente en otro pueblo o nación en la historia de la humanidad. Israel anduvo errante y esparcido por todos los rincones de la Tierra durante dos mil años, y sufriendo casi de manera general los prejuicios, la ira y el odio reprimido de los corazones de otros pueblos.

Por otro lado, y sin olvidar, esto lo saben muy bien los judíos, que hay acontecimientos históricos que tienen que ir sucediéndose hasta llegar al cumplimiento de todas las profecías, de las cuales el regreso de los judíos libremente a su Tierra es necesaria y transcendental para continuar con el plan de D'ios. Y después de este largo exilio del que D'ios los libera, los judíos esparcidos comenzaron a regresar a la Tierra de Israel, siendo víctimas en muchas ocasiones de grandes dificultades y peligro para sus vidas. (Hay libros que merece la pena leer si se quiere conocer de cerca los detalles de la historia).

¡¡Y fue un hecho!!

El 14 de mayo del año 1948, en la sede de la Organización de las Naciones Unidas (ONU), se votó a favor de la partición de la Tierra de Israel (si uno busca este dato será encontrado como la partición con el nombre que los árabes llaman a la Tierra de Israel, y también en ese momento la llamaba la ONU), una parte sería para los árabes y otras para los judíos, permitiendo así a miles de judíos regresar a su tierra ancestral.

Pero en el lenguaje en el que nos estamos familiarizando, en el lenguaje de D'ios, llegó el momento en el que Él permitió que los judíos volvieran a tener el derecho sobre su herencia, la Tierra santa, la Tierra de Israel, a pesar de todas las fuerzas negativas opuestas que se abalanzaban en esa votación y que intentaron por todos los medios impedirlo. Unas naciones votando en contra de la creación de un estado para los judíos, y otras más sutilmente se abstuvieron en la votación. Por otro lado e inmediatamente a esta votación, los árabes proclamaron la guerra a una joven y débil nación judía tanto en número como en escasez de armamento. Y contra todo pronóstico, milagrosamente y siempre gracias a la intervención Divina, los judíos ganaron esa guerra, proclamándose definitivamente el Estado de Israel.

¡¡Es imposible no ver aquí la mano de D'ios, y que Él cumple Sus promesas!!

A partir de ese momento, se abrió la ley del retorno, en la que los judíos tendrían derecho a regresar libremente a su tierra. Este acontecimiento curiosamente se da después del holocausto; la aniquilación masiva de seis millones de judíos a manos de los nazis.

Vemos que esta profecía con la que comenzamos se hizo de manera absolutamente real desde esa proclamación. Y con los ojos de fe que siempre acompañó a los judíos pudieron ver a «*Yo Seré*», y a su promesa de continuidad eterna reparando y reconfortando de manera indescriptible el alma y el corazón de cada judío.

Con honestidad, tenemos que reconocer que es un suceso milagroso, y que solamente porque D'ios está detrás de todo, es que esto puede suceder.

**Diez medidas de belleza bajaron al mundo,
y nueve las tomó Jerusalén.**

Talmud Babli
Tratado de Kidushin 49b

CAPÍTULO 3

JERUSALÉN

Por cuanto el Señor ha escogido a Sion. La deseó por morada Suya: «Ésta es mi morada por siempre. Aquí habitaré, porque así lo he querido».

Tehilim (Salmos) 132:13,14

Yerushalayim (Jerusalén). Ciudad de la Paz.

יְרוּשָׁלַיִם (paz שָׁלוֹם, ciudad עִיר).

Hablar de Jerusalén es todo un desafío para mí, pero intentaré con la ayuda de D'ios desde mi pequeño entendimiento explicar la grandeza que supone Jerusalén para el Pueblo de Israel y, en consecuencia, supondrá para todas las naciones.

En la época del profeta Abraham, ya se nombraba a Jerusalén con el nombre de: «Shalem»:

«Y Malqui-Tzedek. Rey de Shalem...» Bereshit 14:18

Jerusalén es la capital física del Estado de Israel y, desde los comienzos de la Creación y en los planes de D'ios, Jerusalén ha sido desde siempre el centro espiritual de la Tierra de Israel y de todos los judíos del mundo. En el Tanaj (La Biblia), la palabra

«Jerusalén» se cita más de 800 veces, haciendo alusión a la pertenencia histórica, física y espiritual del Pueblo de Israel. Volvamos un poco atrás en la historia para entender. Probablemente habréis escuchado alguna vez decir algo acerca del Templo sagrado de Jerusalén.

En el año 2928 de la creación (832 años antes de la EC), el rey Shlomo (rey Salomón), a petición de D'ios, construyó el primer Beit Hamikdash, el Primer Templo en Jerusalén. La voluntad de D'ios era que Su Casa, Su Morada, fuese construida por una persona que nunca hubiera participado en guerras, ya que el Templo y la ciudad de Jerusalén serían por siempre un emblema y lugar de paz. Esto lo podéis encontrar en el Tanaj, en Melajim I, capítulo 6 (Reyes I).

El Primer Templo fue destruido generaciones después por Nabuconodosor (rey de Babilonia).

El Segundo Templo se construyó con el permiso de Ciro (rey de Persia), en el año 3412 de la creación (352 antes de la EC), de la mano del sacerdote y escriba Ezra (Esdras) y el líder Nejemyá (Nehemías), y fue destruido en el año 72 de la era común, por el emperador romano Tito.

El Templo de Jerusalén era la casa de D'ios, donde Él habitaba, y los judíos podían sentir Su presencia como en ningún otro lugar. El tener Templo a nivel espiritual y moral significaba para el Pueblo de Israel que tenían cerca a D'ios y, además, les permitía poder cumplir con todos las ordenanzas de la sagrada Torá, que en definitiva es el cometido de los judíos.

Para los judíos la destrucción del Templo supuso dos cosas, por un lado, ya no podrían tener esa cercanía de manera casi palpable con D'ios, y no podrían estar completos en el servicio divino. Por otro lado, de repente, entrarían en un estado de desolación anímica y espiritual al ser conscientes de las desgracias que esto traería al Pueblo de Israel. Y desde luego y de manera trascendental, suponía un mal presagio de que la redención estuviera cercana, al contrario, se volvería entonces inalcanzable, ya que es necesario que la ciudad de Jerusalén tenga su Templo para esto.

Intentaremos trasladarnos a la vivencia que supuso para ellos...

Si te olvidare, Jerusalén, olvide mi diestra su habilidad. Adhiérase mi lengua al paladar si no te recordare, si no pusiere a Jerusalén por encima de mi mayor alegría.

Tehilim 137: 5,6

Después del exilio a Babilonia, el Pueblo judío, desolado amargamente por la destrucción del Primer Templo y de Jerusalén, entonó este Tehilim desde lo más profundo de su alma, declarando que Jerusalén está por encima de su ser y que jamás podrá, ni querrá ser olvidada.

Probablemente, al leer sobre el Templo y lo que significaba para los judíos de aquel entonces que tuvieron la dicha de verlo en pie, no conmoverá demasiado, incluso nada. Para intentar acercarnos un poco a la desolación que sentiría el Pueblo Judío en esos momentos, podemos hacer el ejercicio de pensar, D'ios no lo permita, qué le sucede a una madre si manos despiadadas le arrancaran a su hijo y fuera consciente de que probablemente no lo volverá a ver más.

Esta madre, después de la primera etapa de duelo y trastorno en la que se vería sumida, dedicaría su vida a buscar al hijo de sus entrañas, y para esto moverá cielo y tierra. Tendrá en casa recuerdos de él, hará partícipe al resto de su familia para que nadie lo olvide y todo su esfuerzo lo volcará en encontrarle. Y a esta madre, después de hacer todo lo que esté en sus manos, lo que más le dolerá y le impedirá sentirse completa será el vacío de su corazón y el dolor insoportable de no poder abrazarle y darle amor. El dolor de pensar que está solo y le necesita...

Es evidente que la madre es la mayor afectada y que su corazón nunca volverá a ser el mismo, y su alegría nunca más podrá ser completa, ya que parte de su ser ha sido destruido. Y a pesar de que buscará alternativas para subsistir, vivirá con el recuerdo y la esperanza constante de reencontrarse con su hijo algún día.

Los judíos, desde este cántico y hasta nuestros días, de alguna manera son como esa madre, y esa familia que han tenido una pérdida de ese alcance en condiciones dramáticas.

En primer lugar, fueron privados a la fuerza de estar completos, de estar espiritualmente, y emocionalmente completos, con todo lo que eso conlleva.

En segundo lugar, comienza de manera irremediable una vida en la que ya nada volverá a ser igual. La alegría ya no es espontánea, ahora tiene que ser trabajada, y el recuerdo y el anhelo de poder volver libremente a Jerusalén y volver a rezar en el sagrado Templo (aunque hubo una segunda reconstrucción y también fue destruido) les resulta demasiado doloroso e insoportable.

Desde la destrucción del Templo, en las casas judías, se deja en la pared de la entrada un recuadro sin pintar en señal de duelo porque no hay Templo en Jerusalén. Un día al año, el 9 del mes de Av del calendario judío (suele ser final de julio o principios de agosto), todo el Pueblo judío ayuna, no come ni bebe durante veinticinco horas, y se sienta en el suelo entonando cánticos de duelo por la destrucción del Primer y Segundo

Templo de Jerusalén, ya que ambas destrucciones a manos ene-migas ocurrieron en ese mismo día.

También en las bodas judías, antes de terminar la ceremonia, el novio rompe un vaso con el pie en señal y recuerdo de que la alegría del Pueblo judío no es completa pues Jerusalén no está reconstruida, le falta su sagrado Templo.

Y para terminar la ceremonia cantan este Tehilim. «*Si te olvi-dare, Jerusalén, olvide mi diestra su habilidad. Adhiérase mi lengua al paladar si no te recordare, si no pusiere a Jerusalén por encima de mi mayor alegría*».

Además de estas costumbres en recuerdo del Templo de Jeru-salén, hay otra que es muy significativa por su belleza espiritual, emocional y de arraigo en el corazón y alma de los judíos... Cuando un judío reza a D'ios desde cualquier rincón del mun-do fuera de la Tierra de Israel, físicamente su cuerpo y mirada deben estar posicionados hacia la Tierra de Israel, por ejemplo, los judíos de España rezan mirando en dirección al este, y los judíos que ya viven en la Tierra de Israel rezan mirando a Jerusa-lén, y los habitantes de Jerusalén rezan mirando al monte donde se encontraba el Templo, hacia el famoso Kotel (Muro de los lamentos, o Muro occidental).

También en la noche de la fiesta de Pesaj (Pascua judía), fies-ta que recuerda cuando los hebreos fueron liberados de la escla-vitud en Egipto, los judíos dicen una frase desde tiempos inme-moriales, *«El año que viene en Jerusalén»*, demostrando el anhelo constante de querer regresar al lugar de pertenencia y anhelando que sea reconstruido el Tercer Templo.

Todas las naciones y sus pueblos poseen su propia historia, tradiciones, cultura..., y esto es su documento nacional de identidad que les avala sin discusión y que nadie puede históricamente tergiversar y adueñarse de él.

Una nación no permitiría que de repente unos extraños vinieran y quisieran apropiarse de su historia y su bagaje. Desde luego y, a pesar de que nadie quiera pelearse con nadie, y desearíamos que cada uno viviera en paz con su patrimonio, si no quedara otra alternativa cada uno lucharía por defender lo suyo.

Los humanos tenemos más arraigo a nuestras raíces de lo que pensamos. Pensemos en esto:

Cuentan que Napoleón Bonaparte, general republicano nacido en Córcega, un día 9 de Av (día de duelo mencionado unas líneas antes), pasaba por una sinagoga y oyó gritos y llantos de desconsuelo. Entró y preguntó a los asistentes qué les pasaba. Ellos le contestaron, «nuestro Templo ha sido destruido». Napoleón creyó que se referían a una sinagoga, y les dijo, que cómo era posible que él no supiera nada. Ellos le contestaron que sucedió 1700 años atrás. Napoleón Bonaparte, exclamó: «Un pueblo que recuerda tanto su pasado tiene su futuro asegurado».

Así que, haciendo justicia, sería una actitud irresponsable e inmoral negarle al Pueblo judío su sello histórico de identidad y su herencia para con la ciudad de Jerusalén.

LA CASA DE D'IOS

En los siguientes versículos del profeta Isaías podremos entender el alcance que la ciudad de Jerusalén siempre tuvo desde el comienzo de los tiempos, y sobre todo el que va a tener en el futuro no sólo para los judíos, sino también el rol que la sagrada ciudad de Jerusalén cumplirá para toda la humanidad.

Palabra que dio Isaías, hijo de Amoz, en lo concerniente a Judá (Yehuda) y a Jerusalén: Y ocurrirá al fin de los días que la montaña de la Casa del Señor será como la cumbre de las montañas y exaltada será sobre las colinas y todas las naciones fluirán hacia ella. Y vendrán muchos pueblos que dirán: «Venid, subamos a la montaña del Señor, a la Casa del D'ios de Jacob (Yaacov), Él nos enseñará Sus caminos y andaremos en Sus senderos». Porque de Sion saldrá la Ley y la palabra de D'ios desde Jerusalén.

Yeshayahu 2:1,3

Y ocurrirá al fin de los días.

El final de los días, se refiere concretamente a los días en los que llegará el Mashíaj de Israel. El Mashíaj (Mesías) será el salvador del Pueblo de Israel, y en consecuencia de toda la humanidad.

Hasta ahora, no había tenido la oportunidad de hablar sobre el Mashíaj. Por la complejidad y por lo extenso y profundo del tema, no puedo entrar en él, porque no corresponde aquí, y no me considero a mí misma autorizada, pues sinceramente no creo que posea la capacidad y entendimiento suficiente para hacerlo. Pero sí es obligado escuchar sobre la figura del Mashíaj, ya que será el escogido por el Creador y el Autor para redimir a todo el Pueblo de Israel y a la humanidad de su confusión y del alejamiento de D'ios.

Sólo decir brevemente que *«al fin de los días»* no hace referencia alguna al fin del mundo, o a algún suceso apocalíptico, ni nada que se le parezca... Todo lo contrario, el Mashíaj, que será una persona normal, nacida de padre y madre, llena del conocimiento de D'ios, reconstruirá el Tercer Templo en la ciudad de Jerusalén, donde será restaurado de nuevo el servicio divino, y hará regresar a todos los judíos de todos los rincones del mundo que todavía no vivan en la Tierra de Israel. La era del Mashíaj traerá el conocimiento de D'ios al mundo y la tan esperada paz. (Podéis leer el capítulo de Isaías 11, hay una referencia a la época mesiánica).

… que la montaña de la Casa del Señor será como la cumbre de las montañas y exaltada será sobre las colinas…
La montaña de la casa del Señor es el monte Moriáh, éste es su nombre.

Es el lugar donde estuvieron el Primer y Segundo Templo y donde estará el Tercero, la casa del Señor, Su morada, donde Su Presencia Divina habita. Esta montaña no es ni mucho menos en tamaño físico la más alta, ni siquiera medianamente alta. Cuando se refiere a que será como la cumbre de las montañas, lo hace en referencia a que será la más importante ya que ella es la escogida para el Templo sagrado.

… y todas las naciones fluirán hacia ella. Y vendrán muchos pueblos que dirán: «Venid, subamos a la montaña del Señor, a la Casa del D'ios de Yaacov [Jacob]».

Las naciones y los pueblos, como hemos visto ya anteriormente, representan a las personas que no pertenecen al Pueblo de Israel.

En la época mesiánica toda la humanidad no tendrá duda de que los judíos son los representantes de D'ios, y que la Tierra de Israel, y más concretamente Jerusalén, serán el epicentro internacional a donde las naciones ansiosas del conocimiento verdadero se dirigirán con regocijo reconociendo la soberanía del D'ios Único.

Él nos enseñará Sus caminos y andaremos en Sus senderos…

El Mashíaj enseñará a los pueblos las leyes concernientes a ellos. Y los pueblos y las naciones desearán en su corazón andar en los caminos que D'ios dispuso para ellos, porque, llegado este momento, la humanidad habrá visto y sufrido tantos acontecimientos, que será consciente del deber y la bendición que trae a sus vidas el servir al Creador.

Porque de Sion saldrá la Ley y la palabra de D'ios desde Jerusalén.

Sion es el Templo sagrado, donde volverá a sentarse la corte judicial que impartirá la ley, según las leyes de D'ios. Y la palabra de D'ios es la Torá.

Pero de manera general Sion y Jerusalén son lo mismo, ya que representan lo mismo, la casa fija de D'ios desde donde emana el conocimiento verdadero, y desde donde volverá la profecía que hará entender cómo proceder de manera correcta.

El Pueblo judío, como vemos, es un pueblo que está por encima del paso del tiempo. Y un claro ejemplo es Jerusalén.

A lo largo de toda la historia, y a pesar de que ha sido arrebatada por la fuerza y habitada por pueblos extraños en muchas ocasiones, Jerusalén no se ha dejado adoptar por nadie. Ella se ha mantenido siempre en pie esperando a los judíos, a sus hijos amados y legítimos, a sus herederos eternos y guardianes de la ciudad, para cumplir la razón de su existencia, y poder así dar cumplimiento para lo que el Creador del mundo la encomendó.

Jerusalén es el corazón y el alma que mantiene con vida al mundo y que tiene la llave espiritual que permitirá que la humanidad retorne al Creador.

Reside en medio de Tu ciudad Yerushalayim tal como hablaste; en medio de ella establece el trono de Tu siervo David y reconstrúyela para estructura eterna, prontamente y en nuestros días. Bendito eres Tú, D'ios que reconstruyes a Yerushalayim.

Rezo diario judío

Una tierra que el Señor, D'ios tuyo, la cuida.
Siempre, los ojos del Señor, D'ios tuyo, están en ella,
desde el principio del año hasta el final del año.

Debarim 11:12

CAPÍTULO 4

HE AQUÍ QUE EL QUE GUARDA A ISRAEL NO DORMITA NI SE DUERME

Hablaremos ahora del conflicto con la Tierra de Israel.

Pero primero recordemos lo que vimos anteriormente para seguir entendiendo por qué estamos ante una Tierra diferente y especial.

- D'ios promete a Abraham que le entregará la Tierra de Israel.

  D'ios dijo a Abram: «Vete por ti de tu tierra y de tu lugar de nacimiento, y de la casa de tu padre, a la tierra que yo te mostraré [Israel]. Y te convertiré en una gran nación y te bendeciré; y engrandeceré tu nombre y serás bendición».

  Bereshit 12:1,2

- Pacto perpetuo entre D'ios y el Pueblo de Israel (circuncisión), entregándole la Tierra de Israel en posesión perpetua.

  Estableceré Mi pacto entre Mí y tú, y entre tu descendencia después de ti a través de sus generaciones como pacto

perpetuo, para ser D'ios para ti y para tu descendencia después de ti. Y a ti y a tu descendencia después de ti entregaré la tierra de tus peregrinaciones —toda la tierra de Kenáan— en posesión perpetua: y Yo seré D'ios para ellos.
Bereshit 17:7,8

- El Pueblo de Israel se convierte en un reino de ministros y en un pueblo santo.

Y ahora, si escucháis diligentemente mi voz y guardáis mi pacto, seréis para Mí un tesoro de entre las naciones, pues Mía es toda la tierra. Pero vosotros seréis para Mí un reino de ministros y un pueblo santo.
Shemot 19:5,6

- Regreso a la Tierra de Israel.

Así dice D'ios: Cuando haya recogido a la casa de Israel de entre los pueblos donde están dispersos y los haya santificado a la vista de las naciones, morarán en su propia tierra que le di a Mi siervo Yaacov [Jacob].
Yejezquel 28:25

- Reconocimiento del D'ios del Pueblo de Israel y de Jerusalén, capital eterna de los judíos por parte de las naciones y peregrinación de éstas a Jerusalén para aprender el conocimiento verdadero de los caminos de D'ios.

Palabra que dio Isaías, hijo de Amoz, en lo concerniente a Judá [Yehuda] y a Jerusalén: Y ocurrirá al fin de los días, que la montaña de la Casa del Señor será como la cumbre de las montañas y exaltada será sobre las colinas y todas las naciones fluirán hacia ella. Y vendrán muchos pueblos que dirán: «Venid, subamos a la montaña del Señor, a la Casa del D'ios de Jacob [Yaacov], Él nos enseñará Sus caminos y andaremos en Sus senderos». Porque de Sion saldrá la Ley y la palabra de D'ios desde Jerusalén.

Yeshayahu 2:1,3

La Tierra de Israel es una tierra disputada desde siempre, y a lo largo de su historia otros pueblos la han dominado, pero nunca consiguieron poseerla y, tarde o temprano, el dominio de cada uno de estos pueblos sobre la sagrada Tierra de Israel terminó.

Hablamos de los babilonios, persas, sirios, griegos, romanos, árabes, cristianos, otomanos... e incluso en la época más reciente de la proclamación del Estado de Israel, los británicos. Así que, históricamente, no es nuevo el que siempre hay alguien que cree tener derecho sobre ella. En la actualidad se desarrolla el conflicto con los árabes que habitan en ella, a los que se les llama palestinos.

¿CÓMO PODEMOS ENTENDER EL CONFLICTO EN LA DISPUTADA TIERRA DE ISRAEL?

Empezaremos diciendo que el problema real del conflicto es ESPIRITUAL. Y siempre ha sido espiritual, desde el comienzo de los tiempos y hasta nuestros días. La Tierra de Israel, el lugar físico en sí, tiene una carga espiritual, no es así en ningún otro lugar del planeta.

Como vimos anteriormente, la historia recoge que los judíos desde el primer exilio a Babilonia (salvo un pequeño remanente que siempre quedó en la Tierra de Israel) vagaron durante dos mil años habitando en otros lugares, y sólo con la proclamación del Estado de Israel D'ios permitió su regreso.

Y si nos preguntamos si D'ios permitió ese exilio y permitió que mientras tanto la tierra fuera dominada por otros pueblos, la respuesta es que sí, lo permitió. Esta permisividad por parte del Creador forma parte de una serie de advertencias que Él hace al Pueblo de Israel, de que si no se conducen de acuerdo al camino trazado para ellos, no le quedaría más remedio que pasar a la acción: «*Y os esparcirá D'ios entre los pueblos…*». *Debarim 4:27.*

Pero D'ios también les prometió que, cuando acabara el tiempo estipulado del exilio, los devolvería a la Tierra de Israel como vimos en el capítulo dos. Y es durante ese largo exilio que se pasearon por la Tierra de Israel otros imperios y pueblos. Pero la Tierra Santa de Israel siempre estuvo a la espera de recibir la orden de D'ios de poder ser habitada de nuevo por sus hijos, el Pueblo de Israel.

Para los judíos no es nada nuevo que sufran persecución, lo que siempre ha sido llamado como antisemitismo, actualmente transformado en antisionismo. Si nos fijamos bien, a través de lo que llevamos leído, ser antisionista es ir en contra de la voluntad del Creador, pues ¿qué es Sion? Sion es Jerusalén, Sion es la Tierra de Israel, y ya sabemos por la historia que D'ios le dio esa Tierra a Su pueblo.

En la época de la Torá para referirse a la Tierra de Israel se la llamaba Kenáan.

El nombre de Israel surge a partir de que D'ios se lo da al profeta Yaacob [Jacob] nieto de Abraham.

D'ios le dijo: «Tu nombre es Yaacob; tu nombre ya no será llamado Yaacob, sino Israel será tu nombre». «La tierra que entregué a Abraham y a Itzjak, a ti te la daré; y a tu descendencia después de ti daré esa tierra».

Bereshit 35: 10,12

Este cambio de nombre al patriarca Yaacob, por el de Israel, será el que les dará el nombre como nación, como pueblo. A partir de entonces serán conocidos como los hijos de Israel. Y es ya en los escritos de los profetas que a la Tierra de Israel se la nombra como tal dejando atrás el nombre de Kenáan.

Hablemos ahora de cómo se creó el nombre de Palestina (recordemos que sólo hablamos de los conceptos más básicos).

El nombre de Palestina fue cambiado por los romanos, tras la destrucción del Segundo Templo en el año 70, a manos del emperador romano Tito, y lo tomaron de la palabra, «filisteos». Cuando D'ios entregó a Abraham la tierra de Kenáan, numerosos pueblos habitaban en ella, y uno fueron los filisteos. Pero los filisteos desaparecieron con el tiempo como la mayoría de los pueblos que habitaban ese entonces en Kenáan, y en la ya instaurada Tierra de Israel.

Los romanos también cambiaron el nombre a Jerusalén, la capital de la Tierra de Israel, por Aelia Capitolina. Todo esto lo hicieron como desprecio y ofensa al Pueblo judío, y con el intento de erradicar y borrar la pertenencia de los judíos con la Tierra de Israel.

Si volvemos un poco atrás en la historia, podemos ver que Nóaj (Noé) tuvo tres hijos; Shem, Jam y Yéfet.

Éstas son las generaciones de los hijos de Nóaj –Shem, Jam y Yéfet–, a quienes les nacieron hijos después del Diluvio.

Bereshit 10:1

Los hijos de Jam: Cush y Mitzráim, Put y Kenáan.

Bereshit 10:6

Mitzráim [Egipto] engendró a los Iudim, anamin, lehabim, naftujim, Patrusim, kaslujim, de los cuales salieron los pelishtim, [filisteos] y a los kaftorim.

Bereshit 10: 13,14

Este versículo habla de los descendientes de Jam, hijo de Nóaj, y aparecen los filisteos. Los hebreos descienden de Shem.

No existe una demostración real que constate que los «palestinos» tengan una relación antropológica con los filisteos, de hecho, estos últimos desaparecieron hace unos miles de años.

Lo más probable y parece que es lo que más se acerca a la realidad es que, desde que los romanos cambiaron el nombre de la Tierra de Israel por Palestina, los que la habitaron durante generaciones sean una mezcla de otros pueblos y que, por diferentes motivos, se fueron quedando mezclándose entre ellos. Por tanto, todas las personas que nacían y habitaban durante el tiempo que la Tierra de Israel fue llamada por desprecio a los judíos Palestina, serían circunstancialmente palestinos, y no necesariamente han tenido que ser siempre de origen árabe. De hecho, siempre quedó un remanente judío que habitó en ella.

Ahora, en su gran mayoría, la población que se hace llamar y se considera actualmente palestinos no tienen sus orígenes en la Tierra de Israel, sino que provienen de Egipto, Siria y del otro margen del Jordán. Es ya con el mandato británico a principios del siglo xx y tras derrotar éstos a los turcos sobre la Tierra de

Israel, que los llamados palestinos, y Palestina, cobran realmente relevancia en la historia, aprovechando éstos la oportunidad que se les brindaba y haciendo uso de su más que ya sabido carácter oportunista, para reclamar una tierra que no les pertenece. Así que estaríamos hablando de algo relativamente reciente y de unos pocos años a esta parte con respecto a la larga historia del Pueblo de Israel, y en relación y vínculo con la Tierra de Israel.

ISMAEL

Conozcamos un poco de dónde provienen los árabes y la disputa que se alarga en el tiempo:

Cántico. Salmo de Asaf. D'ios, no guardes más silencio. No te mantengas inmóvil, oh D'ios, porque he aquí que Tus enemigos están bramando, y los que Te odian han levantado tu cabeza. Se confabulan contra Tu pueblo, y entran en consejo contra Tus atesorados. Han dicho: «Venid, y cortémoslos de ser una nación, para que el nombre de Israel no sea más recordado». Por cuanto se han consultado entre sí, celebrando un pacto contra Ti. Los de las tiendas de Edom y los isamaelitas.

Tehilim 83:1,7

Como vemos en este Tehilim escrito hace miles de años por el Rey David, no es nuevo que quieran aniquilar al Pueblo de Israel, y por extensión el intento de desapropiar a la Tierra de Israel de su origen, identidad y dueños.

Hablemos de los ismaelitas, ¿quiénes son?

Hagar parió un hijo a Abram; y Abram llamó el nombre del hijo que Hagar le había parido, Ishmael.

Bereshit 16:15

Hagar era la hija del Faraón. Abraham y todo su pueblo viajaron a Egipto, pues la tierra de Canaán sufría de hambruna y, debido a una serie de milagros que D'ios hizo a los hebreos en Egipto, Faraón quiso regalarle a Sarah, la mujer de Abraham, su hija Hagar como sierva.

Con el paso del tiempo y viendo Sarah que no concebía un hijo, entregó a su sierva Hagar a Abraham para que éste mantuviera relaciones con ella, y de esta manera Hagar le diera un hijo. (Estas prácticas eran normales en esa época).

Hagar concibió de Abraham y tuvo un niño al que llamó Ismael como D'ios le había ordenado. Abraham tenía entonces ochenta y seis años. Al cabo de unos años…

Y D'ios dijo: «De cierto tu mujer Sarah te dará a luz un hijo y llamarás su nombre Itzjak, [Isaac]. Confirmaré Mi pacto con él como pacto perpetuo, y con su descendencia después de él. Y en cuanto a Ishmael, te he escuchado: he aquí que lo he bendecido. Lo haré fructificar y lo multiplicaré inmensamente: doce príncipes engendrará, y haré de él un gran pueblo. Pero Mi pacto lo confirmaré con Itzjak, a quien Sarah dará a luz en esta época el próximo año».

Bereshit 17:19,21

Si observamos Ismael e Itzjak nacen del mismo padre, Abraham, pero como acabamos de leer unas líneas atrás, aunque D'ios le dijo a Ismael que lo fructificará, lo multiplicará y de él hará un gran pueblo, promesa que podemos ver que se ha cumplido al pie de la letra; pues hay millones de árabes repartidos por todo el mundo, la continuidad del Pacto, la circuncisión, la entrega de la Tora, y la promesa de heredar la Tierra de Israel la hace con Itzjak, el hijo nacido de Sarah, perteneciente al Pueblo hebreo.

Cuando Ismael creció, su madre Hagar tomó para él una mujer de la tierra de Egipto, desvinculándose de esta manera totalmente de la fe y las costumbres del pueblo de su padre Abraham. Los descendientes de Ismael son los ismaelitas, y con el tiempo llegaron a la península arábiga, y desde ahí comienzan a ser árabes. También con el tiempo estos árabes que adoptan el islam se convierten en musulmanes.

Viendo Hagar que concibió de Abraham y sabiendo que Sarah, su verdadera esposa, no había concebido aún, cambió de conducta menospreciando a Sarah. También Ismael cuando creció comenzó a tener un comportamiento inadecuado. Sarah, contando con la aprobación de D'ios, pidió a Abraham que Ismael junto con su madre fueran expulsados del campamento.

De la conducta de Hagar podemos ver que no supo ocupar su lugar. Sarah le ofreció lo más preciado para ella, Abraham, y Hagar, en vez de compadecerse de la situación a la que Sarah se enfrentaba, pues por mucho que en aquella época el entregarle la concubina o sierva al esposo era algo normal, la condición del ser humano es el instinto del celo y el sentido de la propiedad, y para Sarah seguramente fue humillante. Pero ella con humildad aceptó que el tiempo pasaba y deseaba por encima de todo hacer feliz a Abraham y que éste tuviera un hijo.

> *Le dijo el ángel de D'ios: «He aquí te embarazarás [a Hagar] y darás a luz un hijo; y llamarás su nombre Ismael, porque ha oído D'ios tu sufrimiento. Él será un fiero hombre. Su mano contra todos, y la mano de todos contra él. Y delante de todos sus hermanos morará».*
>
> Bereshit 16:11,12

En este versículo de la Torá, ya nos muestra que Ismael, y por extensión sus descendientes, ya que de Ismael se levantará toda una nación, como veremos más adelante, será un fiero hombre.

Su mano contra todos, y la mano de todos contra él. Esta definición sobre Ismael ha llegado hasta nuestros días.

Es sabido que los árabes, sobre todo los practicantes del islam más radical, no estiman mucho la cultura occidental, y no escatiman en demostrarlo allí donde se encuentran. También entre ellos vemos algunos países de religión musulmana donde el radicalismo, la dictadura y la violencia más brutal reinan en sus calles.

Por otra parte, si el mundo occidental fuera honesto, expresaría abiertamente que en gran manera le produce un rechazo natural e instintivo lo que suene a ellos, pues generalmente son sinónimo de intolerancia, violencia, atentados, e imposición de sus dogmas de vida incluso fuera de sus fronteras.

Esta conducta denunciable del radicalismo islámico le hace un flaco favor a los árabes o musulmanes que buscan vivir en paz.

Por supuesto que no hablamos de sentir o alimentar el racismo o la xenofobia entre las partes, o entre cualquier ser humano del planeta, éstos son sentimientos y actitudes despreciables muy negativas que, por supuesto, hay que erradicar. Estamos hablando de lo más básico que tiene el ser humano, ¡la libertad!, y que ningún ser de carne y hueso por fanatismo, cultura o fe puede arrebatarle a otro.

La Tierra de Israel no es geográficamente hablando Occidente, ni tampoco culturalmente, de hecho, está enclavada en Oriente Medio. Aunque de alguna manera, y producto de su exilio, podemos apreciar que los judíos arrastran ademanes de todos los rincones alrededor del mundo, a pesar de ello, los radicalistas islámicos han manifestado en muchas ocasiones y sin tapujos que quieren borrar a Israel del mapa.

Y, ¿por qué quieren borrar a Israel del mapa?

Ismael (el islam) sabe que Israel viene de su padre Abraham, y de su hermano Itzjak, y que su hermano por parte de padre es el heredero del pacto y la promesa de D'ios de ser la luz para el resto de los pueblos. El Pueblo de Israel y la Tierra de Israel son la barrera espiritual protectora que protege al resto de la humanidad, ya que su función, como vimos y seguiremos viendo, es la de sostener al mundo hasta la llegada de la redención y la paz mundial. Y, si en las fantasías mentales de los que declaran abiertamente que quieren borrar a Israel del mapa, esto ocurriera, después correrían a someter a Occidente, haciendo uso de sus instintos más violentos. Pero, para suerte de todos, incluyendo a ellos mismos; aunque por supuesto todavía no están en posición de entenderlo y aceptarlo, ya que las ansias del mal no son buenas para nadie...

He aquí que el que guarda a Israel no dormita ni se duerme.
Tehilim 121

Como siempre la historia lo ha demostrado, el D'ios de Israel está en vigilia constantemente cuidando a su amado pueblo que, a pesar de haber sufrido persecución, e intentos varios de exterminio, nunca nadie ha podido con él, pues goza de la protección e inmunidad del Creador del mundo, que los escogió como su propio tesoro.

El problema real que enfrenta siempre al Pueblo de Israel con el radicalismo árabe radica en parte en la esencia de la personalidad de ellos: su falta de humildad y su arrogancia.

Tienen problemas para aceptar cuál es su posición y cuál la de los judíos, imponiendo por la fuerza y con violencia sus criterios, aunque carezcan de fundamento alguno. De hecho, no tienen ningún interés en las vías de acercamiento pues, como dijimos arriba, directamente quieren borrarlos del mapa.

La falta de humildad la vemos claramente en la conducta de Hagar. Ésta intenta suplantar una identidad y lugar que no le corresponden, menospreciando a Sarah. Se olvida volviéndose arrogante de que Sarah es la esposa amada de Abraham, y la escogida por D'ios para ser la primera matriarca del Pueblo de Israel.

Más adelante podemos ver con motivo de la expulsión de Hagar e Ismael del campamento, que, faltándoles el agua…

Se terminó el agua del odre, y colocó al niño debajo de uno de los arbustos. Se fue y se sentó enfrente, a una distancia como el tiro de arco, porque dijo: «No veré cuando muera el niño». Entonces se sentó enfrente, alzó su voz y lloró.

Bereshit 21:15,16

Es muy difícil concebir que una madre abandone a su hijo a punto de morir, porque ella egoístamente no quiera verlo morir. Probablemente sólo sería posible ante una conducta enferma o ante lo que llamaríamos una persona desalmada; conducta por la cual hoy en día el sistema judicial podría quitarle un hijo a su madre, ya que éste se encuentra en peligro con ella al negarle el principio más básico que una madre ofrece: el de protección con todo lo que esto abarca. Todos sabemos que en circunstancias normales cualquier madre ofrece su vida ante la de su hijo. Vemos en Hagar justo todo lo contrario.

Si continuáramos leyendo este capítulo, veríamos que ante esta situación que se encontraba Hagar, D'ios haciendo uso de Su gran misericordia, les proporcionó agua inmediata, aun a sabiendas que de Ismael saldrá un pueblo que odiará y perseguirá al Pueblo de Israel.

Esta conducta de falta de protección de una madre hacia un hijo, llevada a casos extremos, sigue viva en la actualidad. Es sabido que hay madres árabes aquí en la Tierra de Israel que adoctrinan a sus hijos desde pequeños para matar a los judíos e inmolarse con su propia vida. No cabe duda de que su visión por la vida y la maternidad es contraria a la de los judíos. No hay odio que valga la vida de un hijo.

Esta manera de materializar el odio a través de los hijos es un arma peligrosísima, ya que nos encontramos ante mentes irracionales y potencialmente asesinas.

Golda Meir, que fue la primera mujer Primer Ministro de Israel, en el año 1969, dijo: «*La paz llegará cuando los árabes amen a sus hijos más de lo que nos odian a nosotros*». Esta famosa cita de Golda Meir hacía justo referencia a la conducta que explicábamos sobre el adoctrinamiento de las madres árabes a sus hijos, hacia el odio y la muerte a los judíos.

AMOR POR LA VIDA

Que la disputa que se crea por la Tierra de Israel es espiritual es algo que vemos claramente en el hecho de que los árabes quieren adjudicarse no sólo la tierra física en sí, sino también algunos de los lugares más sagrados para los judíos como son: el Har Habait (monte del Templo), donde estuvo y será reconstruido el Tercer Templo, la cueva de Majpelá en Jebrón, donde están enterrados los tres patriarcas y tres de las cuatro matriarcas del Pueblo judío, y la tumba de Yosef HaTzadik (José el Justo), en Sejem, entre otros... Lugares que fueron comprados por los judíos y que podemos ver en la Torá.

Pero, si tuviéramos que explicar en la práctica cuál es una de las cosas que más diferencian a los judíos de la mayor parte de los árabes que habitan en la Tierra de Israel, o de todos ellos que les desean el mal alrededor del mundo, es sin duda alguna: el amor y respeto más profundo por la vida.

Si antes poníamos el ejemplo de que hay numerosas familias árabes que adoctrinan a sus hijos no sólo en el odio hacia los judíos, sino también en asesinarlos, o incluso en inmolarse por ellos, con el agravante que creen que si mueren por la causa santa ingresarán directamente en el paraíso, recibiendo mujeres como premio... En los judíos, es justo lo contrario. El amor y respeto por la vida humana es pilar y principio básico para el Pueblo de Israel, y precisamente en Israel esto se ve muy claro. Por ejemplo, en los hospitales, lugar donde se salvan vidas de manera más visible, árabes y judíos son tratados con los mismos derechos. Es sabido que líderes del bando árabe que han expresado abiertamente su odio contra los judíos, cuando enferman, quieren ser tratados en hospitales de Israel, pues saben que allí están en las mejores manos sin distinción. E incluso, aunque se trate de un incitador al terrorismo, o de un terrorista mismo. Es imposible imaginar qué pasaría si fuera al revés...

Creo que es justo decir que un sector del pueblo árabe que habita en Israel se siente bien e incluso protegido viviendo bajo el amparo de Israel. Ellos saben y son conscientes de que viven en la única democracia de Oriente Medio, y que de manera contraria, si vivieran bajo el liderazgo de sus líderes, muchos de ellos de línea dictatorial, la balanza cambiaría en sus vidas para mal. Pero también es verdad que seguramente no lo dirán en voz alta, por miedo a represalias de los suyos.

Quien salva una vida, salva el mundo entero.
Mishná Sanedrín 4:5

La Torá enseña que el amor por la vida de nuestro prójimo es tan valiosa y elevada que quien la salva, salva el mundo entero.

¿Qué quiere decir que salva el mundo entero?

Los judíos aman, respetan y hacen por la vida de otro ser humano todo lo que está al alcance, e incluso lo humanamente imposible. Son conscientes de que la vida de otro ser humano es demasiado valiosa como para arriesgarse en el intento de salvarla. A veces salvar una vida no implica que sea solamente a nivel físico. También se puede salvar una vida escuchando al otro, donando dinero a alguien en una situación económica desesperada, atención médica, y todo lo que podamos imaginar…

Para hacernos una idea de lo que para los judíos, aparte de lo ya mencionado significa salvar una vida, pondremos el ejemplo del soldado israelí Gilad Shalit, que fue secuestrado por el grupo terrorista Hamás en junio del año 2006 y que fue liberado después de cinco años de cautiverio (en octubre del año 2011).

Para que este soldado pudiera ser puesto en libertad, el grupo terrorista Hamás pidió al gobierno de Israel que fueran liberados de la cárcel más de mil presos árabes, en su mayoría terroristas. Podemos hacernos una idea de la magnitud del asunto… Sin duda alguna, la decisión de liberar al soldado fue muy difícil para el gobierno, pero al final la capacidad sobrenatural de los judíos por ayudar en cualquier circunstancia a uno de los suyos por más desalentadora que sea la situación, y el respeto y amor por la vida por cada uno de los miembros del Pueblo de Israel, no les permitió escatimar en acceder a la desorbitada condición de sus enemigos liberando a más de mil árabes que en su mayoría tenían manchadas sus manos de sangre judía, a cambio de un solo soldado israelí.

Si alguna vez alguien se pregunta por qué los judíos son invencibles, aquí está uno de los secretos, «*Quien salva una vida, salva el mundo entero*». Desde siempre se han salvado unos a otros ante la sinrazón del que ha querido acabar con ellos. Con esta actitud ante la vida de otro judío, obedecen a la esencia de la Torá, como dijo Hilel Hazaken (Hilel el anciano), sabio de la época del Talmud a una persona que quería convertirse al judaísmo, y le pidió que le resumiera toda la Torá en una frase. El sabio Hilel le dijo: «*Haz con los demás lo que quieras que hagan contigo*». Podemos resumir todo de una sola manera: amor incondicional por el prójimo.

¿Cuántas personas alrededor del mundo quisieran tener la seguridad de pertenecer a un pueblo que se sacrificaría por ellas, haciendo todo lo posible para salvarle la vida a uno de los suyos?

No tenemos todo el conocimiento del porqué de las decisiones en las esferas celestiales. Pero sí sabemos que hasta los árabes más radicales, incluso a los que habitan en la Tierra de Israel, les llegará el entendimiento y reconocerán al D'ios de Israel como el Único y verdadero.

Los milagros existen, forman parte del plan de D'ios y nadie se queda fuera. Pero, hasta que esto llegue, el Pueblo de Israel tiene la obligación de proteger y defender a los suyos, de cualquiera que quiera venir a hacerles daño.

ISRAEL, LA EMBAJADA DE D'IOS

En el tercer capítulo dijimos que en el Tanaj (La Biblia) se cita en más de ochocientas veces a Jerusalén. Y en el Corán (libro sagrado para los musulmanes) no se cita ni una sola vez a Jerusalén. Lo traemos como dato relevante, ya que sería injusto no hacerlo constar en este libro para que entendamos mejor que este dato habla por sí solo. No se puede reclamar algo que no es tuyo, que no te pertenece. Imaginemos ahora que los países comenzasen a reclamar ciudades o tierras ajenas… por ejemplo, que España, por el hecho de que descubriera América, ahora la reclamara y quisiera tener dominio de nuevo sobre el continente. ¡América ya existía, con o sin su descubrimiento! Los árabes llamados palestinos (ningún árabe) han tenido nunca ninguna conexión o dato histórico para con Jerusalén, y con la Tierra de Israel en general.

Comenzábamos diciendo que el conflicto que se genera sobre la Tierra de Israel es espiritual, no es político, aunque lo parezca. El Creador no es político, Su mundo es espiritual y precisamente en la Tierra de Israel se ve demasiado claro. Ella sólo acepta a los judíos como sus habitantes y no ha descansado durante generaciones hasta conseguir su objetivo. Hasta entonces la sagrada Tierra de Israel no ha hecho más que salvar obstáculos.

Sin duda su kedusha (santidad) de la que solamente ella goza, ya que no hay ninguna otra tierra en el planeta que sea sagrada y posea santidad como la Tierra de Israel, ansiosa de abrazar en su seno a sus herederos, lucha para proteger a sus legítimos hijos del mal. Como leímos en la cita del encabezado de este capítulo, la Tierra de Israel es:

Una tierra que el Señor, D'ios tuyo, la cuida. Siempre, los ojos del Señor, D'ios tuyo, están en ella, desde el principio del año hasta el final del año.

Debarim 11:12

Así que el hecho milagroso de que contra viento y marea ya sea habitada por una mayoría de población judía, y cada vez más están regresando, es sin duda una demostración indiscutible de que los planes de D'ios se están llevando a cabo. Y que los acontecimientos mundiales de los que forma parte toda la humanidad se irán dirigiendo en torno a la Tierra de Israel hasta que se consiga el objetivo de que ella, y principalmente Jerusalén, sea el centro espiritual de la humanidad. Los judíos son los embajadores de D'ios en la tierra, e Israel es su embajada. El recorrido de la historia, toda la Torá y los profetas (la Biblia) así lo demuestran.

Recordemos que el Creador dio al Pueblo de Israel la función de alumbrar y guiar a todos los pueblos y naciones hasta el conocimiento verdadero, y este conocimiento llevado a cabo traerá consigo la paz mundial.

Todo esto sucederá con el reinado de los judíos en su tierra.

Todas las partes tienen su función y conviene por el bien común que se realicen.

SEGUNDA PARTE

Mandamientos y valores éticos eternos

¡Cuán preciosa es Tu misericordia, D'ios!
Y los hijos de los hombres en la sombra
de Tus alas se refugian.

Tehilim 36:83

CAPÍTULO 5

NUESTRO D'IOS, VUESTRO D'IOS

SI D'IOS, ESCOGIÓ A ISRAEL COMO SU PUEBLO, ¿POR QUÉ TENEMOS QUE CREER EN ÉL?

De alguna manera intento a la vez que escribo entrar en el pensamiento del lector y averiguar posibles preguntas que se pueda hacer. Y creo que con la que comenzamos este capítulo es una de las que os haréis.

En capítulos anteriores vimos cuáles fueron los motivos que llevaron al Creador del mundo a escoger al Pueblo de Israel y cómo empezó todo con el profeta Abraham. Es un hecho que no hay por qué ocultar ni disimular que el Pueblo judío es mucho más que un pueblo escogido por D'ios. Es un pueblo amado, santo y defendido por Él por encima de los demás pueblos.

Pero esto en absoluto significa que D'ios no se acuerde de todas las criaturas pertenecientes a todos los pueblos que habitan este mundo, ¡toda la humanidad es Su creación! y, por supuesto, que ama a todas sus criaturas y busca el bien de cada una de ellas. Pero la evidencia es que no todos los pueblos ni todas las personas tuvieron o tienen la capacidad de cumplir la Torá; las leyes de D'ios. Y la evidencia también nos indica que la humanidad va de mal en peor y que necesita urgentemente ponerse a las órdenes de las leyes de D'ios. Creer en D'ios y servirle no es en realidad una opción. Es verdad que Él dio al ser humano libre albedrío para escoger de alguna manera su camino y que en principio piensa que nada ni nadie puede obligarle a creer en Él, y mucho menos a obedecer sus mandamientos. Pero está escrito: «*¡Ay de los que son sabios a sus [propios] ojos, y delante de ellos [mismos] entendidos!*» Yeshayahu 5:21. Justamente esta frase describe de manera real la actitud de nuestra generación.

Hoy más que en otros tiempos las personas creen saberlo todo, y opinan sobre todo sin verdadero conocimiento, y además obran según su opinión. Pero creer y actuar según la voluntad del Creador está dejando de ser una opción, pero, como decíamos antes, D'ios siempre nos ha dado libre albedrío para escoger, y nos está dando tiempo…

Este tiempo tiene un límite y, cuando llegue el momento escogido por D'ios y se vayan sucediendo los acontecimientos necesarios, como vimos por ejemplo en el capítulo sobre Jerusalén y otros, será revelado a la humanidad el propósito exacto de todo lo que nos rodea, y ésta entenderá por fin que no existe la pregunta del porqué hay que creer en D'ios. Entonces, sencillamente, será natural y necesario creer en Él y seguir Sus caminos.

Pero no es conveniente esperar. Desde ya, podemos comenzar este cambio, como está escrito: «*Buscad a D'ios mientras pueda ser hallado. Llamadle mientras esté cerca*». Yeshayahu 55:6 (tema al que dedicaremos un apartado especial más adelante).

Comenzábamos preguntando, ¿por qué hay que creer en D'ios, si Él escogió al Pueblo de Israel? Ya dijimos que D'ios iba buscando a quién entregarle la Torá, y Abraham y sus descendientes estuvieron dispuestos a cumplirla, por eso fueron escogidos para comenzar el Pueblo de Israel. Pero que D'ios los escogiera no excluye al resto de los pueblos, ya que todos están bajo la mira del Creador y cada uno tiene un objetivo distinto.

Entonces se podría decir, «vale creo que hay un D'ios». ¡Comenzamos bien!, pero no es suficiente, hay que pasar a la acción. Hay que comenzar a acercarse y escuchar cuál es la voluntad del Creador y no pensar que esto no va conmigo porque es para los judíos, para esto los escogió a ellos y no a mí...

Evidentemente estamos ahora en un diálogo entre personas que no se definen religiosamente o en «cercanía» con D'ios. Si abrimos el diálogo entre personas que ya profesan una determinada fe, aparentemente la situación se complica, porque como la «lógica» parece indicar, todas creen estar en lo cierto.

Pero lo cierto es que D'ios también dio leyes y preceptos a las demás naciones. Son las siete leyes de Nóaj. Leyes que dio a la figura bíblica de Nóaj, y que toda persona no perteneciente al Pueblo de Israel debería observar y guardar.

Hay que recordar, ya que esto precisamente es lo que en un momento puede ser que nos haga entender de inmediato en gran parte el cometido de este libro, que las leyes de Nóaj, que veremos a continuación, tanto como el profeta Abraham, y la formación del Pueblo hebreo son absolutamente e históricamente anteriores a cualquier religión posterior.

Éste es el punto de referencia al que siempre tenemos que volver. Ya dijimos en el capítulo sobre Jerusalén que cuando llegue el Mashíaj, el redentor del Pueblo de Israel y de la humanidad, y se construya el Tercer Templo, llegará un conocimiento al mundo hasta ahora desconocido.

¿Y POR QUÉ NECESITAMOS LEYES?

Podríamos empezar diciendo que es obvio el porqué necesitamos leyes, ya que todos estaremos de acuerdo si pensamos con sensatez que sin las leyes vamos directos al caos y al precipicio en todos los sentidos.

La naturaleza fue creada con sus leyes. Los animales, los astros, el reino celestial y espiritual también. Y el hombre que fue dotado con inteligencia superior, con habla, raciocinio y libre albedrío para escoger y saber diferenciar entre el bien y el mal también tiene leyes a las que está sujeto.

Los reinos vegetal y animal cumplen con su cometido con perfecta armonía, e instintivamente observan y cumplen las leyes que se les encomendó.

En el ser humano la situación cambia, pues de alguna manera perdió o por lo menos anuló el instinto y la aparente necesidad de obedecer y vivir bajo las normas que nuestro propio Creador y fabricante diseñó.

PRECEPTOS PARA LAS NACIONES, O SIETE LEYES DE NÓAJ

... Nóaj era un varón justo, íntegro en su generación. Con D'ios marchó Nóaj.

Bereshit 6:9

Está escrito que Nóaj fue un hombre justo e íntegro en su generación y que caminaba junto a D'ios. Por todo esto fue escogido para llevar a cabo la construcción del arca y ser salvado del diluvio junto a su familia. En la generación de Nóaj las gentes se habían corrompido de tal manera que D'ios determinó que sólo a través de él se podría levantar una generación mejor y repoblar la tierra.

Nóaj se quedó a las puertas de haber sido probablemente el escogido para comenzar el Pueblo hebreo. El gran fallo que le diferenció de Abraham fue que, aunque fue un hombre justo y recto y andaba en los caminos de D'ios, Nóaj sólo se preocupó de sí mismo y de su familia, nunca pidió a D'ios clemencia por sus compatriotas para que fueran salvados de la muerte por el diluvio.

Todos conocemos a Nóaj por la historia del diluvio universal. Lo que no es tan conocido es que D'ios envió a él y a sus descendientes, los denominados «Hijos de Nóaj», es decir; las naciones, siete leyes o preceptos por las que a través de su cumplimiento se convierten en personas justas ya en este mundo, salvando su alma para el mundo venidero.

Las siete leyes de Nóaj aparecen citadas en el tratado de la Guemará o Talmud: Sanedrín 56b, y son:

- No asesinar.
- No robar.
- No adorar falsos dioses.
- No cometer inmoralidad sexual.
- No comer el miembro de un animal vivo.
- No maldecir a D'ios.
- Establecer Cortes de justicia para juzgar a los ofensores de la ley.

Como dato, diremos que los judíos tienen 613 leyes para cumplir, pero en estas siete leyes mandadas por el Creador para las naciones se engloban gran parte de las leyes que también ordenó a los judíos sobre todo de carácter moral, social, de misericordia hacia los demás y los animales y de respeto hacia D'ios mismo. También algunas de estas siete leyes de Nóaj forman parte de los conocidos Diez Mandamientos que los hebreos recibieron al pie del monte Sinaí. Mandamientos que veremos en el capítulo siguiente sin repetir los ya vistos aquí, salvo excepción de la prohibición de idolatría.

A continuación, veremos de qué tratan estos siete preceptos o leyes de Nóaj.

(Quiero recordar que en este libro sólo tratamos los datos básicos, y que quien quiera profundizar deberá seguir adelante buscando los medios oportunos).

No asesinar

También sexto mandamiento que D'ios ordenó a los hebreos en el monte Sinaí.

No matar a un individuo con alevosía, premeditación o ensañamiento.

No ofender a alguien en público de manera tal que esa persona crea desvanecerse de la ofensa, hiriéndola en su ser de forma profunda y muchas veces irreparable.

Este mandamiento de tan obvio que nos parece que lo cumplimos. Evidentemente, la primera definición de no matar a un individuo con alevosía, premeditación o ensañamiento, la mayor parte de la humanidad afortunadamente la cumple. No entramos aquí a debatir sobre las guerras. Éstas son un claro ejemplo de la ausencia del cumplimiento de la voluntad de D'ios y de la falta de dirección del hombre hacia Su Creador a lo largo de la historia. Y como vimos uno de los cometidos del Mashíaj, el redentor del Pueblo de Israel y la humanidad será instaurar un reinado de paz y conocimiento al mundo.

Pero la segunda parte de esta ley de (no ofender a alguien en público de manera tal que esa persona crea desvanecerse por la ofensa, hiriéndola en su ser de forma profunda y muchas veces irreparable), puede que ya no estemos tan libres de decir que nunca lo hemos hecho. Esta parte nos pone un cerco a nuestra cólera, a nuestra ira, a nuestras ansias de prevalecer sobre los demás, de adquirir poder sobre los demás…, pues si nos fijamos bien, dice «ofender o herir en público». Cuando un ser humano es ridiculizado, herido u ofendido en público por otro, normalmente con malas intenciones, la persona ofendida se siente morir y quisiera desaparecer de la escena.

En Tehilim 34:13-15, está escrito: «*¿Quién es el hombre que desea la vida, que ama los días en los que verá el bien? Cuida tu lengua del mal, y tus labios de hablar engaño. Apártate del mal, y haz el bien; busca la paz y persíguela*».

Si nos fijamos, casi todos los males de la humanidad comienzan por el mal uso de la palabra. La usamos para hablar mal del prójimo, para engañar…, esto por supuesto es un terreno abonado para traer disputas y el mal a este mundo. El asesinato ya sea físico, emocional o espiritual casi siempre empieza por el mal uso de la palabra. Alejémonos bien de esto, y cuidemos nuestra lengua y nuestro corazón de hacer daño a otros, previniendo males mayores.

No robar

También octavo mandamiento que D'ios ordenó a los hebreos en el monte Sinaí.

No apropiarse de lo ajeno con violencia, o por la fuerza.

No tomar «prestado» algo ajeno, por pequeño que sea, como un bolígrafo, si no hemos obtenido el permiso de su propietario.

Codiciar, robar el sueño a los demás o robar el tiempo a los demás también son derivados del robo.

No adorar falsos dioses

También segundo mandamiento que D'ios ordenó a los hebreos en el monte Sinaí.

«No tendrás otros dioses fuera de Mí». «No te harás esculturas ni imágenes de lo que hay arriba en el cielo, abajo en la tierra y en las aguas debajo de la tierra». «No te postrarás ante ellas ni las servirás, pues Yo soy el Señor, tu D'ios».

Aunque este mandamiento que vemos en la cita está dirigido de manera explícita a los hebreos, en realidad, esta ley de Nóaj de no adorar falsos dioses englobaría todo lo descrito en el segundo mandamiento.

Por, *«No tendrás otros dioses fuera de Mí»*, el Creador pide no ir en busca de entidades religiosas en las que Él no habita, no poner la confianza en otros dioses creados por el hombre a través de la historia.

Por, *«No te harás esculturas ni imágenes de lo que hay arriba en el cielo, abajo en la tierra y en las aguas debajo de la tierra»*. *«No te postrarás ante ellas ni las servirás…»*, el Creador prohíbe moldear esculturas con formas humanas o de ángeles, de animales, o de cualquier tipo y postrarse ante ellas como si de una divinidad se tratara y tuvieran poder e influencia sobre la vida de las personas.

Todo esto lo pudimos ver de manera clara en el primer capítulo con el ejemplo y la actitud de Abraham el patriarca, frente a la venta de ídolos de su padre Teraj.

Veremos ahora otro claro ejemplo de idolatría que, seguramente nos impresionará por la exactitud con la que se describe lo que son los ídolos y las estatuas.

> *En cambio, los ídolos de ellos son de plata y de oro, obra de manos de hombres. Tienen boca, pero no hablan. Ojos tienen, pero no ven. Tienen oídos, pero no oyen. Nariz tienen, pero no huelen. Tienen manos, pero no palpan. Pies tienen, pero no caminan. Ni tampoco hablan con sus gargantas. Quienes los hacen serán como ellos. Sí, cada uno que confíe en ellos.*
>
> Tehilim 115:4,8

El que ha visto alguna vez, o ha escuchado sobre las tradiciones de algunas profesiones de fe y de culto a éstas, después de leer una parte de este Tehilim, inevitablemente le vendrá a la mente sobre todo los ídolos del mundo cristiano. Pero también en el budismo, en la cultura china, tribus ancestrales, o diversas culturas…, no faltan en sus tradiciones ídolos y estatuas con imágenes de personas o de animales, a los que santifican y les atribuyen poderes espirituales, sobrenaturales, mágicos o supersticiosos.

Estas estatuas inanimadas y creadas por la mano del hombre, que es un ser limitado, tienen un aspecto en muchas ocasiones tenebroso, con miradas vidriosas y sin vida. Muchas de ellas lucen vestimentas lujosas y costosas, y normalmente son colocadas en un lugar alto, por lo que es obligatorio mirar hacia arriba para poder verlas. Da la impresión que ellas desde su podio «observan» al espectador con impresión burlona, ante lo absurdo de la situación. Seres humanos con corazón, alma y raciocinio conservan tradiciones que atrapan y retienen la voluntad y la lucidez del individuo de hacerse las preguntas básicas, incluso ante la degradante absurdidad de creer, postrarse y otorgarles poderes sobrenaturales a entes inanimados, creyendo que tienen poder sobre sus vidas.

La idolatría es una de las prohibiciones más severas que D'ios no admite. Él no tolera que sus criaturas corrompan sus almas y sus vidas, y lo reemplacen con dioses muertos e inexistentes.

No cometer inmoralidad sexual

También séptimo mandamiento que D'ios ordenó a los hebreos en el monte Sinaí.

El adulterio como inmoralidad sexual; salvo las personas que en nuestros días lamentablemente están cruzando la línea de lo permitido, a las que les vendría muy bien entender que ninguna de nuestras acciones queda impune a los ojos de D'ios, casi todos estaremos de acuerdo que está tajantemente prohibido alterar el orden sagrado del matrimonio, ya sea por parte de uno de los miembros al buscar mantener relaciones ilícitas con alguien fuera del matrimonio, o ya sea que este tercero ajeno a él se inmiscuya de tal manera que se llegue a corromper esa sagrada unión.

Todos sabemos las graves consecuencias que trae esta acción, el daño colateral que acarrea a la víctima del adulterio, a los hijos del matrimonio, la vergüenza ante la comunidad, el daño económico que normalmente conlleva una casi segura ruptura, incluso a los dos participantes activos del adulterio, tarde o temprano les llegarán consecuencias no deseables. Esta repudiable acción es, junto con la idolatría y el asesinato, una de las faltas más graves que el Creador no pasará por alto.

Pero cualquier práctica de inmoralidad sexual, no sólo entre personas casadas sino también entre las personas solteras, en las que la lujuria campa a sus anchas y se violan las normas del ciclo natural, también están prohibidas.

No comer el miembro de un animal vivo

En el quinto libro de la Torá, en Debarim está escrito; «... *y no deberás comer el alma junto con la carne*». 12:23

D'ios les pide no comer el miembro o trozo de un animal que esté despedazado mientras su alma aún esté dentro de este animal. Lo que significa que está vivo, ya que es el alma lo que da vida tanto a las personas como a los animales. Habría que decir que hay estatus y niveles del alma y, por supuesto, la de los animales está un grado y posición inferior y diferente con respecto a la de los humanos. También sucede en los humanos, pero esto ya es otro tema.

Lamentablemente, esta práctica cruel y bárbara de comer algún miembro o parte de un animal que aún está vivo forma parte de determinadas culturas.

En el judaísmo está prohibido hacer sufrir a un animal. Incluso el ritual de sacrificio de un animal para su posterior consumo está demostrado que es uno de los métodos con el que los animales menos sufren, ya que la muerte de éstos es casi instantánea.

Anteriormente al diluvio universal, los animales no se utilizaban como alimento. El hombre hasta Nóaj era vegetariano. Pero, como vemos en esta cita, cuando salieron del arca, D'ios les permitió hacer uso de los animales para comer, pero les advirtió que no comieran el alma del animal como vimos anteriormente, es decir no podían comer parte de un animal mientras éste estuviera vivo. *Todo lo que se mueve y vive será alimento para vosotros: al igual que la hierba vegetal, Yo le he entregado todo. Pero carne con su alma —su sangre— no comerán.* Bereshit 9:3,4. D'ios permitió a la generación de Nóaj comer animales, pues el hombre después del diluvio era un ser más débil e inferior a nivel moral y espiritual.

El primer gran Rabino de Israel, Abraham Itzjak HaKohen Kook procedente de Rusia, dijo que en el futuro el hombre será de un nivel más elevado espiritualmente y tendrá la capacidad de prescindir de comer animales por amor y misericordia a ellos, ya que los instintos bajos del hombre que actualmente ejercen presión sobre él desaparecerán dando paso a un ser humano moralmente y espiritualmente superior, como en el principio fue creado el primer hombre.

No maldecir a D'ios

No injuriar, blasfemar, menospreciar, hablar con desprecio o burla, actuar con arrogancia y superioridad hacia D'ios y todo lo relativo a Él.

El incumplimiento de esta ley puede traer consecuencias graves sobre la persona que lo hace.

Establecer cortes de justicia para juzgar a los ofensores

Establecer jueces competentes, justos, morales y con conocimiento de las leyes de D'ios es un requisito para que el mundo se dirija con justicia y verdad. Estos jueces se ocuparán de hacer cumplir las leyes, para mantener el orden y la justicia entre los seres humanos, uno de los pilares del mundo, como veremos más adelante.

Estos siete preceptos o leyes de Nóaj, si nos fijamos, hablan generalmente de preceptos morales y de respeto al Creador. Leyes que bajo su cumplimiento crean un cerco para que los individuos y las sociedades vivan con la seguridad de que sus derechos físicos, emocionales e incluso su camino espiritual hacia el Creador esté asegurado.

Si todos tuviéramos claro que no estamos solos en este mundo, y que mis buenas y malas acciones repercuten en los demás, proyectándose además indeseablemente en uno mismo, con seguridad actuaríamos con más responsabilidad y amor hacia los demás y procuraríamos ser personas más activas en contribuir al bien.

En el futuro las naciones se regirán por estas leyes. Pero el camino hacia ellas comienza ya.

Estoy de paso en la tierra.
No me ocultes Tus mandamientos.

Tehilim 119:19

Rabí decía: «¿Cuál es el camino recto
que el hombre debe escoger?
Aquel que le glorifica, a él y a la humanidad».

Pirkei Avot capítulo 2, mishná 1

CAPÍTULO 6

PILARES DEL MUNDO

En los capítulos anteriores hemos visto el recorrido del Pueblo de Israel hasta nuestros días, y el porqué y el para qué de su existencia, y también las leyes o preceptos que el Creador pide a las naciones, los no judíos. Pero en este y gran parte de los siguientes (manteniendo lo que hemos aprendido hasta ahora), intentaremos conocer a los judíos a nivel más personal y ver gran parte de las bases que forman su personalidad como pueblo.

Los judíos basan sus vidas en las leyes de D'ios, y esto seguramente se conoce más por judaísmo. El judaísmo no separa lo espiritual de lo material, todo está unido y una parte complementa a la otra. No hay un perfil exacto de un judío. Si nos acercamos a conocerlos veremos que, en el Pueblo judío, hay muchos tipos de personas llegadas de casi todos los rincones del mundo. Y aunque el Pueblo judío está compuesto por una mayoría de personas de piel blanca, incluso dentro de éstos hay diferentes rasgos faciales y costumbres diversas por haber habitado durante generaciones en otros países. Pero también hay judíos chinos, judíos de raza negra, judíos procedentes de diferentes países árabes, judíos hindúes…

Sabiendo esto es fácil entender que al convivir tantas personalidades diferentes juntas, que además traen consigo parte de la cultura en la que habitaron, se educa de manera obligatoria y milagrosa a la ausencia de racismo, xenofobia, y demás sentimientos negativos de desprecio a nuestros semejantes, con todo el bien que esto representa. En Israel, por ejemplo, es habitual ver en un mismo barrio, en el trabajo, sinagogas… personas con facciones diferentes, colores diferentes de piel, formas de vestir diferentes, y acentos diferentes…, y todos conviviendo en armonía, sintiendo el mismo grado de pertenencia al Pueblo judío y con los mismos derechos de ciudadanía incluso si no se ha nacido en Israel, y se ha emigrado a la Tierra que todos tienen en común.

Parte de lo que veremos a continuación son mandamientos dados sólo para el Pueblo de Israel. Pero la idea central de la gran mayoría, salvo los que deducen que son sólo para ellos, son necesarios para toda la humanidad, como vimos en las siete leyes de Nóaj.

Intentaremos que esta parte seguramente más desconocida nos acerque más a ellos.

MANDAMIENTOS Y VALORES ETERNOS

Probablemente los mandamientos más conocidos por todos, serán los Diez Mandamientos que el Pueblo hebreo recibió al pie del monte Sinaí. Los cinco primeros están conectados con el servicio del hombre con el Creador, y son:

- *«Yo soy el Señor, tu D'ios que te saqué de la tierra de Egipto».*
- *«No tendrás otros dioses fuera de Mí». «No te harás esculturas ni imágenes de lo que hay arriba en el cielo, abajo en la tierra y en las aguas debajo de la tierra». «No te postrarás ante ellas ni las servirás, pues Yo soy el Señor, tu D'ios».*
- *«No pronunciarás el Nombre de D'ios en vano».*
- *«Te acordarás del día de reposo, Shabat (sábado) para santificarlo».*
- *«Honrarás a tu padre y a tu madre, para que se alarguen sus años en la tierra».*

Y los cinco siguientes están conectados con el hombre y su prójimo, y son:
- *«No asesinarás».*
- *«No cometerás adulterio».*
- *«No robarás».*
- *«No darás falso testimonio contra tu prójimo».*
- *«No codiciarás la casa de tu prójimo, ni su mujer, ni su siervo, ni su criada, ni su buey, ni su asno, ni ningún otro bien de tu prójimo».*

Los Diez Mandamientos son órdenes activas demandadas por el Creador que el Pueblo de Israel cumple desde el monte Sinaí hasta nuestros días. Por supuesto y de manera evidente siempre hablamos de los judíos observantes. Conviene aclarar que los judíos no observantes, sin duda, retornarán a sus raíces, ya que están dentro de los planes del Creador y nadie se queda fuera.

- *«Yo soy el Señor, tu D'ios, que te saqué de la tierra de Egipto».*

Éste es el primer mandamiento que recibieron los hebreos. Estaba muy reciente la liberación de la esclavitud en Egipto, y los hebreos vieron cómo Su D'ios con fuerza y poder los sacó de allí.

Esta orden los mantiene en unidad por siempre, porque todos sufrieron la esclavitud en Egipto. Con este mandamiento D'ios les obliga a tener presente que el mundo tiene un Señor que es Él, y que ese Señor, además es el D'ios de ellos, y no deben confundirse nunca en lo sucesivo.

- *«No tendrás otros dioses fuera de Mí». «No te harás esculturas ni imágenes de lo que hay arriba en el cielo, abajo en la tierra y en las aguas debajo de la tierra». «No te postrarás ante ellas ni las servirás, pues Yo soy el Señor, tu D'ios».*

Una de las cosas que menos tolera D'ios es la idolatría, como vimos de manera más amplia en el capítulo anterior. Con este mandamiento se aseguró de que los judíos le fueran fiel para no entrar en problemas, y les prohibió cualquier tipo de idolatría y actos semejantes.

La idolatría ciega a la persona y le impide reconocer al Único y verdadero Creador. Además de perderse y no saborear lo que sería una vida llena de espiritualidad y bendiciones, los judíos tendrían problemas en su relación con Él, problemas que se pueden manifestar de diferentes maneras.

- *«Te acordarás del día de reposo, Shabat, para santificarlo».*

EL SHABAT

El día de Shabat (sábado) merece mención especial. Para los judíos es el séptimo día de la semana a partir de la Creación.

> *Y D'ios habló a Moshé, diciendo: «Sin embargo, guardaréis mis Shabatot, pues es un signo entre Yo y vosotros para vuestras generaciones, para conocer que Yo soy D'ios que os santifica. Durante seis días se podrá realizar labores, pero el séptimo día es Shabat de cese completo, sagrado es él para D'ios».*
>
> Shemot 31: 12-15

El Shabat es el día de descanso para los judíos. No es un día de descanso convencional, como estamos acostumbrados, en el que no se trabaja y uno puede dedicarlo a lo que le apetezca. El Shabat es un día santo, sagrado y apartado. Un día que ordenó D'ios para elevación espiritual. Un día que tiene sus propias reglas y ellas forman uno de los secretos de la supervivencia y la personalidad del Pueblo de Israel.

Como hemos leído en el versículo anterior a estas líneas, D'ios santifica a Israel a través del precepto del Shabat. Seguramente esto no nos dirá mucho, pero si desvelamos los secretos de este sagrado día comenzaremos, aunque sea un poco, a entender sus maravillas.

Desde hace años se escuchan voces diciendo que la humanidad cada vez va a peor. Entre muchas cosas, hay un sentir general que anhela la sencillez de antes, la moralidad de antes y el respeto que había hacia el padre y la madre, pilares que construían hogares sanos emocional y socialmente, llegando afortunadamente a la conclusión que hacían más felices a las personas.

En el día del Shabat, se concentran algunos de los valores más antiguos, estos que la humanidad está empezando a echar en falta. Hablamos de la «familia». En el judaísmo en general la familia es la protagonista del guion, no sólo en Shabat como es de imaginar, la familia es una de las piedras angulares en el Pueblo judío.

¿Qué hace particular a la familia en el día de Shabat? Es un día en el que están todos juntos, pero juntos de verdad. En este día está prohibida la televisión; a decir verdad, nadie o casi nadie practicante de las leyes de D'ios tiene televisión, y os aseguro que se puede vivir sin ella y, además, muy bien y con mayor calidad de vida. Por supuesto, también están prohibidos los teléfonos, Internet, conducir, trabajar… Y otras cosas que no son de relevancia aquí.

En Shabat, la familia se reúne en la mesa para las comidas principales y cada uno tiene su lugar. El lugar donde el padre y la madre se sientan se respeta con reverencia. Los niños son escuchados con el máximo amor, incluso en este día está prohibido reñir a los hijos, para impedir que el ambiente sagrado que requiere Shabat se enturbie. Se entonan cánticos que hablan de las bondades del Creador, mientras que todo el tiempo se agradece la deliciosa comida y los ricos postres que con tanto amor han sido preparados en honor a este día. Cada persona viste con sus ropas más preciadas; no significa que éstas tengan que ser caras u ostentosas, pero sí especiales y armoniosas, acordes al día. También está prohibido dañar a un animal (no es que el resto de los días esté permitido, las leyes judías son muy estrictas en el respeto a los animales), para que lo entendáis está prohibido incluso matar una hormiga o una mosca porque sí.

También es un día en el que se acostumbra a tener invitados para cumplir el mandamiento de la hospitalidad como hacía Abraham el patriarca, recordemos que la tienda en la que él vivía estaba abierta en todas las direcciones de los puntos cardinales.

Podremos pensar:

¿Y qué hacéis durante todo el día? La verdad es que hay mucho que hacer, es un día que tiene preceptos que hay que cumplir y para nada es un día ocioso. Se acude tres veces al día a la sinagoga para el servicio del rezo. Están las comidas, disfrutar y jugar en familia. Salir a un parque, dar un paseo, dormir una siesta reparadora y, además, es un día que se dedica bastante tiempo al estudio. A los niños desde pequeñitos se les estimula y se les educa en el estudio de los libros sagrados y de cuentos con bellos dibujos y atrayentes sobre la conducta moral, el amor y el respeto por D'ios, el prójimo y la creación.

Es sabido que al Pueblo judío le llaman el «pueblo del libro», y sin duda es un título muy merecido.

La verdad es que no creo que haya conseguido acercaros ni un poco a la grandeza del día sagrado del Shabat. Pero os aseguro que nadie que ve a una familia judía como vive este día sagrado queda indiferente.

El plan de D'ios es absolutamente perfecto. El Creador que nos conoce muy bien, ¡mejor que nosotros mismos!, trazó un camino para que no nos desviemos.

El Shabat es un mandamiento exclusivo para los judíos, pero, si nos fijamos bien, este día tiene los factores que preservan los valores para la continuidad de una humanidad equilibrada: la familia, con los roles de cada miembro bien definidos, ¡¡vital en nuestros días!!, aceptación de límites, creencia en un Ser Superior, lo que permite canalizar la soberbia y arrogancia humana, transformándolas en humildad, al admitir y permitir ser dirigidos por el Creador.

Por otro lado, nos ofrece respeto hacia uno mismo al hacer un parón obligatorio de veinticinco horas como mínimo, regalándole a nuestro cerebro, alma y ser descanso de recibir información y más información por medio de la tecnología, con todos los beneficios que esto conlleva, entre otros, generar seres más equilibrados y más libres.

¡También algo fantástico! La naturaleza y la creación descansan, ya que la ley principal del Shabat es la prohibición de crear o transformar la materia ya creada. Sin duda, un día que la naturaleza y los animales aman y sienten como una bendición, pues la mano humana descansa de su plan de progreso continuo.

El Shabat es un regalo espiritual y físico, en armonía con las leyes del Creador y las de la naturaleza.

- *«Honrarás a tu padre y a tu madre, para que se alarguen tus años en la tierra».*

Este mandamiento, de tan obvio que es, creemos saber de qué se trata y la verdad es que es complejo. De manera muy general diremos que tenemos prohibido hacer sufrir a nuestros padres. Hay que obedecerlos y atenderlos en sus necesidades, y hay que amarlos y respetarlos con sus errores y aciertos, ya que fueron las personas escogidas para traernos al mundo y educarnos y formarnos como seres humanos.

Por todo esto les debemos nuestro respeto, amor y lealtad más absoluta.

- *«No darás falso testimonio contra tu prójimo».*

Este mandamiento me parece maravilloso, es un mandamiento depurador del corazón.

En este mandamiento, literalmente, se nos pide no mentir acerca de otra persona sobre algo que no haya hecho. Pero, si leemos entre líneas, podemos ver que nos enseña a no mentir, a no aceptar soborno, a no tener rencor ni ser vengativo, pues se puede dar el caso que una persona dé falso testimonio sobre otra en venganza por algo que le hizo anteriormente. También nos pide no meter en problemas a nadie, incluso aunque te haya hecho daño, a no ser malicioso...

Si estamos atentos, este mandamiento nos obliga, siempre en el sentido positivo de la palabra, a trabajar el amor y la empatía por los demás, nos permitirá dormir tranquilos por las noches, tener paz en el corazón y alejar de nosotros un castigo divino. Ya que creamos en esto o no, nadie está libre de las consecuencias de nuestras malas acciones.

Por tanto, todo esto es un regalo para el alma, el cuerpo y el corazón, pues la maldad, el rencor y todos sus derivados, es sabido que son conductas muy negativas que envenenan la sangre y las células del organismo. Cumplir con este mandamiento eleva al ser humano y lo ennoblece.

- *«No codiciarás la casa de tu prójimo, ni su mujer, ni su siervo, ni su criada, ni su buey, ni su asno, ni ningún otro bien de tu prójimo».*

Aquí podemos aplicar lo anteriormente mencionado y además nos limpia de la codicia, de la envidia y de una posible destrucción de vidas ajenas por muy exagerado que nos parezca.

Para llegar a codiciar algo, seguramente primero hemos tenido que envidiarlo, y dependiendo del grado de envidia y codicia, así será el grado del daño y destrucción. Si la envidia y la codicia la sufrimos en silencio, seremos nosotros los perjudicados, pero si la llevamos a la acción buscando mil excusas y artimañas, podemos llegar a cometer daños y delitos morales y sociales muy graves contra los demás, por lo que caeremos en una degeneración social y atraeremos el mal contra nosotros mismos.

Los mandamientos en sí no son más que las normas de D'ios para dirigir este mundo. Dicho de otra manera más familiar y entrañable, D'ios es el Papá de la casa, y como un papá que ama a sus hijos por encima de todo establece normas que permitirán que estos hijos vivan y se desarrollen como seres humanos dignos, exigiendo de éstos continuamente la elevación como personas para su propio bienestar y construcción para la llegada de la paz.

Lo que veremos a continuación son atributos del Creador. Él quiso especialmente que formaran parte y destacaran en la personalidad del Pueblo judío. Podría decirse que en el ADN de los judíos están estas nobles cualidades. Pero también tendríamos que decir que no es suficiente que estas cualidades les vengan de serie, sino que son el eje central de sus vidas y trabajan en conciencia para regirse por ellas.

Los judíos, como intento transmitir todo el tiempo para quien no los conozca de verdad (perdonad si me repito, pero creo que es importante recalcar este tema para imaginarlos como actúan) dirigen sus vidas en la obediencia plena al Creador con hechos y acciones, y para ellos es vital ser conscientes de que van por la senda correcta que D'ios trazó.

Y cuando nos referimos a que trabajan por estas cualidades, nos referimos a que si se les presenta la ocasión de hacer un acto de bondad, lo hacen e incluso lo buscan previamente y, si no lo realizan por una determinada razón, ya que son humanos, sin embargo, les queda el mal sabor de boca de haber perdido la oportunidad de actuar de la manera más correcta con el prójimo y con D'ios y, si tienen la oportunidad, sin duda rectificarán.

JUSTICIA, VERDAD Y ACTOS DE BONDAD

Está escrito en Pirkei Avot (libro sobre las leyes de ética del Pueblo Judío), en el capítulo 1, mishná 2, *sobre tres pilares se sostiene el mundo: sobre la Torá, el servicio divino y los actos de bondad.* Y en el mismo capítulo, mishná 18, también dice que por *la justicia (de la Torá), la verdad, y la paz.*

Justicia

El sentido de la justicia, todos coincidiremos, que es un pilar para que el mundo no se autodestruya. Sabemos las consecuencias fatales que sufriríamos sin ella, reinaría el caos, la violencia, el robo... La justicia, dicho en un lenguaje más sencillo, nos mantiene a raya.

Pero ¿qué se conoce por justicia? Comúnmente conocemos por justicia un conjunto de normas y leyes sociales, y no vamos mal encaminados pensando así.

Ésta es la justicia que el hombre ha creado a partir del sentido común y moral que el Creador otorgó a toda la humanidad, quedando en muchas ocasiones sujeta a las necesidades culturales de las sociedades.

Pero esta justicia, hasta ahora conocida por la que se rige el ser humano carente del conocimiento verdadero del Creador, sigue sin lograr que la humanidad frene sus ansias. La justicia que permite un verdadero y revolucionario cambio social se aprende de la Torá. La Torá significa: *Instrucción*, y es el manual divino que abarca todos los campos concernientes al ser humano, animales y la creación.

Si D'ios no lo permita, el Pueblo judío dejara de obedecer la Torá y rendirle culto al Creador, la humanidad entera tendría problemas, pues el objetivo y motivo de la creación, como vimos anteriormente, de crear este mundo tal y como lo conocemos es el cumplimiento de las leyes del Creador. Y aunque aparentemente para los que no la conocen sólo sea un conjunto de normas pasadas de moda, es justo lo contrario,

La Torá cobra vida y habla, instruye y te hace entender lo que vemos y lo que no. También esconde secretos que no todos siempre alcanzamos a comprender, pero con el cumplimiento de la Torá aseguramos la continuidad de todos.

Gracias a que el Pueblo judío ha vivido siempre para la Torá trasmitiéndola de padres a hijos, generación tras generación hasta nuestros días, D'ios tiene motivos suficientes para seguir manteniendo a toda la humanidad.

Por tanto, la justicia, la de la Torá, es uno de los principales pilares que sostienen este mundo.

La verdad

«La verdad es el sello de D'ios». Tratado de Shabat 55a

Si pensamos en un valor ético y un valor supremo que todos valoramos, éste es el de la verdad.

Todos detestamos el engaño, la hipocresía, la malversación, la falta de honestidad, la falta de fiabilidad… y muchas otras definiciones de la ausencia de verdad. No confundamos con aquella forma de entender la verdad de decir lo que uno cree o se le pasa por la mente, sin pensar si puede causar un daño a los demás, ya que esta forma de «verdad», la mayor parte de las veces es nuestra verdad, es subjetiva y pocas veces constructiva.

Israel ha sido definido como el pueblo de la verdad. Un judío tiene prohibido mentir y engañar por cualquier motivo, por pequeño o inocente que sea. Si alguien conoce un poco la historia del Pueblo de Israel, sabrá que precisamente por decir y defender la verdad siempre ha sufrido constantemente, incluso la muerte.

Como hemos visto en la cita de la Guemará, el sello de D'ios es la verdad. Consecuentemente, los judíos, que son sus embajadores en la tierra, son portadores de esa verdad. Esto se aprecia en ellos de muchas maneras: en sus palabras, en sus actos, en las relaciones con otros, en cómo se manejan con su dinero. Y realmente se puede ver en la seguridad y paz que les acompañan.

En la Guemará, en el tratado de Pesajím 113b, está escrito: *«D'ios aborrece a los que hablan de una manera y piensan en su corazón de otra».*

La hipocresía y la mentira que nos da este ejemplo de la Guemará es una actitud lamentablemente demasiado frecuente. La esencia y la cualidad de la verdad enseña y advierte al alma de un judío que hay un stop, una señal de peligro, que tiene que obedecer para no tener problemas espirituales y en su relación con D'ios.

Cuando decimos algo que nuestro corazón no siente y actuamos de manera hipócrita y sutil, destruimos en vez de construir. Insisto en que no estamos hablando de «decir la verdad a la cara», en mi opinión algo bastante vulgar, y además muchas veces este tipo de conducta es toda una declaración de intenciones para comenzar un conflicto.

Esta cita de la Guemará nos enseña a trabajar el amor hacia los demás, a no engañar, a trabajar la honestidad, a respetarse a uno mismo y al prójimo haciendo limpieza del corazón, entonces encontraremos el lugar correcto de la verdad para tratar con nuestros semejantes.

Lamentablemente, la cualidad de la verdad es un valor en decadencia que casi no es apreciada ni valorada. Pero con seguridad, en el interior de cada uno de nosotros, si tuviéramos que escoger entre vivir en un colectivo de personas que dirigen sus vidas por la cualidad de la verdad, donde la continuidad de la existencia está garantizada, o en un lugar donde reina la mentira, la mediocridad, la maledicencia…, ya tenemos la respuesta, porque solamente donde existe la verdad hay seguridad y paz.

Verdad sólo hay una. Mentiras muchas y, como sabemos, la mentira tiene las patas cortas. Por eso el Pueblo de Israel es inalterable al tiempo, porque está situado en el lugar correcto y verdadero de la verdad, y esto le avala y le sostiene por siempre.

Actos de bondad

La bondad, Jesed en hebreo, es una de las cualidades más apreciadas por el Creador, ya que es uno de los atributos que le define. Todo lo que D'ios hace por nosotros son actos de bondad, actos de caridad.

El Pueblo de Israel es especialista en actos de bondad para con el prójimo, y es uno de los pilares fundamentales del judaísmo. La conciencia de un judío no le permite descansar si sabe que puede ayudar a su prójimo en una necesidad. Hay muchos tipos de necesidades en las personas.

Conviene aclarar que los actos de bondad para los judíos no están ligados necesariamente a lo que por lo general se entiende por personas con una vida precaria, en absoluto, todos estamos necesitados de la bondad de los demás, ya que no siempre los actos de bondad van ligados a cubrir las necesidades económicas.

Un primer acto de bondad que construye los demás actos es intentar comportarnos como lo haría el Creador mismo, ya que Él continuamente suple las necesidades del ser humano, espirituales, emocionales, físicas… y, a partir de este principio, los judíos desde siempre han creado un protocolo para ayudar a su prójimo, como está escrito en Vaykrá (Levítico) 19:18: «*Amarás a tu prójimo como a ti mismo*».

Veamos algunas de las prácticas de bondad y beneficencia más destacadas del Pueblo de Israel.

- Cuando una mujer da a luz, es costumbre al principio que la comunidad a la que pertenece, su vecindario, se turne para ayudar a esta familia en las necesidades básicas como pueden ser preparar comida, ayudarles con otros hijos si ya los tienen, compras...
  Lo mismo sería en el caso de un enfermo, aunque tenga familia, no siempre ésta puede estar pendiente de este pariente enfermo por diferentes motivos.

- Hay lugares gestionados por voluntarios donde uno puede encontrar prestado todo lo necesario para las diferentes situaciones que se presentan en la vida. Son un *Gmaj*, así se llaman, y vendría a ser traducido como un lugar de actos de beneficencia. Existen con todo lo que se nos ocurra, trajes de alquiler de novias por precios simbólicos, artículos para el hogar, ropa, para bebes, ortopedia, muebles..., esto, además de muy útil y ayudar a la economía del hogar, educa en el no consumo y es altamente ecológico, pues a partir de un artículo creado muchísimas personas durante mucho tiempo se pueden beneficiar evitando el deterioro del medio ambiente. También educa en reutilizar lo ya creado.

- Para las fechas señaladas del calendario, hay organizaciones que se dedican, gracias a las donaciones probablemente de los más favorecidos, a alegrar y a ayudar a otras personas por diferentes motivos como pueden ser familias numerosas, personas solas, en el caso de Israel, a los nuevos inmigrantes, y desde luego a los más pobres… La idea central siempre es cubrir las necesidades básicas no sólo con dinero, sino también con calidez humana, y además estos actos de bondad son realizados con muchísimo sentido de respeto y honor hacia las personas que reciben la ayuda, haciéndoles sentirse especiales.

Como dijimos para los judíos la mayor prioridad es hacer la voluntad de D'ios y al poder servir a otros les hace saber que van por el camino que agrada al Creador.

- Otra cosa muy llamativa, aunque no todo el mundo lo hace, es en el caso de que una familia viaje a otro lugar, generalmente en el día del Shabat para visitar a otros familiares, dejan sus casas a otras personas, incluso desconocidas, para que las habiten ese mismo día, en completa confianza sabiendo que nadie se atrevería a hacer algo indebido del tipo que sea en una casa ajena. Esto es maravilloso, se da uno cuenta de la plena confianza que se tiene en el Creador y que nada es «nuestro».

- Por otro lado, cuando alguien encuentra un objeto perdido es un mandamiento intentar buscar al dueño. Por tanto, a nadie se le ocurriría adueñarse del objeto en cuestión, sería sin duda robar.

- Cuando una persona fallece, en la sociedad judía, hay una compañía funeraria que presta sus servicios de manera voluntaria, para que el difunto tenga el entierro más digno posible sin estar sujeto a clases sociales, o si la familia puede o no pagarlo. La gente si puede, y hace por poder, y motivos reales no lo impiden, van al entierro, pues es un mandamiento acompañar al difunto hasta el final. También en presencia del cuerpo, siempre cubierto para no ser expuesto ante las miradas de los demás con máximo respeto al fallecido, la familia o las personalidades relevantes hablan sobre las bondades que tuvo y tiene el fallecido, ya que el judaísmo cree que las buenas acciones de la persona son las que le acompañan en la otra vida. Además, todos los seres humanos, unos más y otros menos, o con mayor o menor conciencia a lo largo de su existencia, han realizado buenas acciones, y éstas se recuerdan en honor al difunto en el momento previo al entierro.

Después del entierro, comienzan siete días de duelo para los parientes de primer grado. Estos siete días no trabajan, se reúnen en la casa del pariente y se sientan en sillas bajas en señal de duelo.

Por supuesto, otra vez la comunidad más cercana se preocupa de que esa semana tengan las necesidades cubiertas (comida, limpieza…). Y entonces comienza algo fantástico y realmente consolador, vecinos, familiares, amigos, conocidos y desconocidos acuden a consolar a la familia. A su llegada se sientan y escuchan a la familia hablando del difunto o de cómo se sienten dependiendo de lo trágica que haya sido la pérdida, aunque por supuesto todas las pérdidas son dolorosas, pero, inevitablemente y por ley de vida, no es lo mismo si es una pérdida de un ser querido por vejez y de forma progresivamente natural, que la de un niño, un joven o alguien relativamente joven, por una dolorosa enfermedad, accidente, o en el caso de los judíos y lamentablemente demasiado frecuente en atentados terroristas.

Permitirme que ahora me exprese en primera persona. La primera vez que estuve en una casa de duelo, y vi a la familia afectada rodeada de tanta gente consolándola, escuchándola o sentados en silencio, o escuchando sólo el llanto en la sala, por otro lado, veía a personas previamente organizadas atendiendo a las necesidades más básicas en esos días, inmediatamente pensé: «Qué diferente es en otras religiones en las que esto no existe; porque se suele pensar, por supuesto no con mala intención, que después del entierro la familia quiere estar sola, o que molestamos y parecemos curiosos ante la pena de los demás... Y es justo al contrario: las personas nos necesitamos mucho, más de lo que nos creemos, no somos superhéroes.

En la cotidianidad del día a día hay multitud de gestos y acciones de bondad hacia el prójimo, y con seguridad muchas se me pasaron por alto.

Ser poseedor de un carácter caritativo y trabajar la voluntad para alcanzarlo nos eleva como personas y nos hace merecedores de las bendiciones del Cielo.

JUZGAR PARA BIEN

Buen ojo
El buen ojo, o juzgar a los demás para bien y con benevolencia, es una cualidad que se aprecia rápidamente en el Pueblo de Israel.

¿Qué es el buen ojo? En teoría todos sabemos que el buen ojo es pensar y juzgar bien a los demás, pero en la práctica no nos faltan excusas para autojustificarnos en desprestigiar a nuestro prójimo, normalmente para elevarnos a nosotros. Esto sucede porque tenemos muy arraigadas malas cualidades como la envidia, pensamientos retorcidos para con los demás, creencia de superioridad... Estas y otras cualidades negativas nos impiden ser libres en apreciar y amar a los demás como son y con su realidad.

Es un trabajo continuo que el Pueblo de Israel hace que requiere estar atentos y despiertos para elevar sus pensamientos, sus conversaciones: juzgar para bien a los demás ante cualquier situación que veamos u oigamos por muy extraña que parezca, teniendo siempre presente que no somos los jueces y a nosotros no nos corresponde juzgar a nadie por sus acciones (por supuesto no hablamos de delitos o desorden público).

Por otro lado, algo muy bonito también que aporta la vida espiritual judía es que, al ser precisamente seres espirituales, portadores de un alma que llega a este mundo asociada a un cuerpo que D'ios le dispone, entendemos que las acciones de los demás están influenciadas y sometidas a las circunstancias y razones que esta alma tenga que corregir. Esto nos recuerda que la otra persona actúa de esta u otra manera limitada a su realidad, y crea una barrera de defensa contra los malos pensamientos hacia los demás que con facilidad constantemente van y vienen.

Otra consecuencia directa de juzgar con benevolencia y que actúa como un cerco para el Pueblo de Israel, para no transgredir un mandamiento muy severo, es el de no hablar mal de los demás, lo que en hebreo sería, *lashón hará*, literalmente, mala lengua. Hablar mal de otras personas, incluso aunque sea cierto lo que estamos contando, y todos sus derivados (chismes, insinuaciones, gestos con el rostro negativos o de desprecio hacia otra persona…), es una grave actitud y pecado que el Creador desprecia, y que los judíos tienen prohibido hacer.

En general, no se puede decir que nadie entre ellos hable mal sobre otro, no se trata de hacer parecer lo que no siempre sucede. Pero sí que tienen un mandamiento que prohíbe hablar mal de los demás y, en consecuencia, trabajan la voluntad como con todo para no transgredirlo.

En Mishlé (Proverbios) 18:21 está escrito: *«La muerte y la vida están en mano de la lengua, y los que la aman [la vida], cuidarán de su fruto».*

El ser humano está demasiado acostumbrado a hablar mal y no pensar de manera positiva de nuestros semejantes, en muchas ocasiones con mala intención y en otras sin ella, pero esto último no evita que creemos para nosotros mismos cargas negativas que no caen en saco roto. Es como un virus, no lo vemos, pero existe.

Por poner un ejemplo de lo más simple y cotidiano... Vecinos, amigos, compañeros de trabajo, dos ciudades entre sí, dos naciones, se entretienen; incluso encuentran placer en ello, hablando mal y calumniando a un tercero o más... Se tiende a creer que esta actitud se da más en las clases sociales bajas, lo cierto es que no es verdad. Volviendo al ejemplo del virus, no entiende de clases sociales, sino más bien de tomar conciencia de vivir para construir.

No hace falta decir que esta actitud es altamente destructiva, y no nos hace bien al espíritu y no nos ennoblece ni nos dignifica.

Juzgar a los demás con buen ojo, y con benevolencia, nos reeduca en el amor verdadero y hacia la paz. Imaginemos cuántos problemas evitaríamos si limpiáramos nuestro ser de rabia, rencores, maledicencia..., y nos levantáramos cada día con la intención y la buena voluntad de ver a nuestro prójimo como a nosotros, y no especular con sus actos y jugar a ser los jueces de los demás.

Vivir bajo este prisma es maravilloso, es otro depurador del corazón y del alma, y construye la llegada de la paz.

Comenzamos este capítulo con la cita de Rabí que decía: «*¿Cuál es el camino recto que el hombre debe escoger? Aquel que le glorifica, a él y a la humanidad*». La respuesta es tan sencillamente preciosa como la pregunta.

En este capítulo hemos visto grandes pilares que glorifican a la persona y, como consecuencia, a la humanidad. Habría que recordar que el sentido que le damos aquí a glorificar en absoluto se relaciona con la búsqueda de honor, poder..., todo lo contrario, está relacionado con comportarse de la manera más elevada y noble para edificar y construir desde el amor. El amor verdadero y desinteresado, teniendo presente siempre hacer con los demás lo que quisiéramos que nos hicieran.

Considero que esta manera de comportarse en la vida, que es uno de los principios básicos para el Pueblo de Israel, como cito en la dedicatoria de este libro, justifica nuestra existencia y hace feliz a nuestro Creador. Dice también Pirkei Avot: «*Donde no hay hombres [de mérito, estudiosos de la Torá], trata de serlo*».

אָנֹכִי

ה' אֱלֹהֶיךָ

אֲשֶׁר הוֹצֵאתִיךָ מֵאֶרֶץ

מִצְרַיִם מִבֵּית

עֲבָדִים. לֹא יִהְיֶה לְךָ

אֱלֹהִים אֲחֵרִים עַל

פָּנַי, לֹא תַעֲשֶׂה לְךָ

פֶסֶל וְכָל תְּמוּנָה

אֲשֶׁר בַּשָּׁמַיִם מִמַּעַל

וַאֲשֶׁר בָּאָרֶץ מִתַּחַת

TERCERA PARTE

Escoger la vida

לָהֶם וְלֹא תָעָבְדֵם, כִּי

אָנֹכִי

פֹּקֵד עֲוֹן אָבֹת עַל בָּנִים עַל

שִׁלֵּשִׁים וְעַל רִבֵּעִים לְשֹׂנְאָי,

וְעֹשֶׂה חֶסֶד לַאֲלָפִים לְאֹהֲבַי

וּלְשֹׁמְרֵי מִצְוֹתָי. לֹא תִשָּׂא אֶת שֵׁם ה'

אֱלֹהֶיךָ לַשָּׁוְא, כִּי לֹא יְנַקֶּה ה' אֵת

אֲשֶׁר יִשָּׂא אֶת שְׁמוֹ לַשָּׁוְא. זָכוֹר אֶת

יוֹם הַשַּׁבָּת לְקַדְּשׁוֹ. שֵׁשֶׁת יָמִים

תַּעֲבֹד וְעָשִׂיתָ כָּל מְלַאכְתֶּךָ, וְיוֹם

הַשְּׁבִיעִי שַׁבָּת לַה' אֱלֹהֶיךָ. לֹא

תַעֲשֶׂה כָל מְלָאכָה אַתָּה

וּבִנְךָ וּבִתֶּךָ עַבְדְּךָ וַאֲמָתְךָ

וּבְהֶמְתֶּךָ וְגֵרְךָ אֲשֶׁר

בִּשְׁעָרֶיךָ. כִּי שֵׁשֶׁת

יָמִים עָשָׂה ה' אֶת

הַשָּׁמַיִם וְאֶת הָאָרֶץ

אֶת הַיָּם וְאֶת

כָּל אֲשֶׁר בָּם,

וַיָּנַח בַּיּוֹם

הַשְּׁבִיעִי, עַל

כֵּן בֵּרַךְ ה'

אֶת יוֹם

הַשַּׁבָּת

וַיְקַדְּשֵׁהוּ

כַּבֵּד

אֵת

Lo que ha sido, es lo que será;
lo que se ha hecho, es lo que se hará.
Y no hay nada nuevo bajo el sol.

Cohélet (Eclesiastés) 1:9

CAPÍTULO 7
Y ESCOGERÁS LA VIDA...

Tomo por testigos sobre vosotros hoy al cielo y a la tierra, que la vida y la muerte puse delante de ti [que son] la bendición y la maldición.
Pero elegirás la vida para que vivas tú y tu descendencia.

Debarim 30:19

En este versículo, D'ios advierte a los hebreos poco antes de morir Moshé (recordemos que era el profeta escogido para conducir al Pueblo de Israel a través del desierto hasta la tierra prometida) que deben cumplir todas las palabras de la sagrada Torá que les fue entregada, asegurando así que la bendición recaerá sobre sus vidas y las de sus familias por siempre.

Escoger los caminos de D'ios, y obedecer sus mandamientos y preceptos es lo que les asegura la vida y la bendición. Y como D'ios sólo quiere lo bueno para ellos, en modo imperativo les habla diciendo: *Pero elegirás la vida para que vivas tú y tu descendencia.*

Sabemos por la lectura de capítulos anteriores que la Torá fue entregada al Pueblo de Israel y sólo a ellos se les exige su cumplimiento. (Conviene recordar que los judíos tienen prohibido hacer proselitismo, es decir, convencer a personas no pertenecientes al Pueblo judío para convertirlos al judaísmo).

Lo que tratamos en este libro continuamente es entender que hay un Creador común a todos, que Él tiene Sus normas de cómo dirigir el mundo, y que éstas no sólo incumben a los judíos.

Tratamos también de aclarar que hay un gran desconocimiento de quién es el verdadero D'ios, y sobre el Pueblo de Israel. Que los acontecimientos pasados y los futuros estarán siempre dirigidos hacía al mismo punto denominador: el reinado definitivo de los judíos en su tierra, la Tierra de Israel, y que la humanidad entera se glorificará con la llegada del Mashíaj, el salvador que traerá la tan ansiada paz mundial.

Pero esto no llega así sin más, nosotros tenemos que dar el paso. Y para eso D'ios nos dio el libre albedrío.

Veamos de qué se trata.

LIBRE ALBEDRÍO

Cuando nacemos y comenzamos a crecer no tenemos desarrollado el conocimiento del libre albedrío, simplemente actuamos por instinto, y por lo que nos gusta y apetece: aquí y ahora. Es gracias a la labor de nuestros padres, profesores y todo el entorno que nos rodea que vamos adquiriendo el sentido del bien y del mal, de lo que nos conviene o no nos conviene, y del sentido del deber, para no hacer lo que a nosotros nos parezca. Pero en todo esto hay un factor decisivo: el libre albedrío. (Aquí estaremos hablando siempre del libre albedrío en el plano más básico y visible). Es el que nos permite escoger nuestro camino. Si actuamos con sabiduría y seguimos el camino correcto, obtendremos resultados positivos, y si escogemos sin ella, nuestra vida se verá estancada y no tardarán en acontecer situaciones no deseables incluso aunque sean imperceptibles. A simple vista parece que todos entendemos lo que significa esto si lo trasladamos a la cotidianidad de la vida. Al fin y al cabo, cuántas veces habremos oído aquello de: «¡Yo hago lo que quiero! ¡A mí nadie me dice lo que tengo que hacer!», o... «¡Si me equivoco, me equivoco yo, y a nadie le importa!».

Pues no es así, conviene ir transformando el corazón y nuestras maneras de expresarnos para no volvernos seres arrogantes y narcisistas. Y además conviene escoger bien, pues nuestras acciones no sólo repercuten en nosotros, sino también en todo el colectivo. Ya hablamos de esto en un capítulo anterior.

Estamos en una generación en la que todo lo que no nos acomoda no nos es válido. El ser humano, (el que no conoce y sirve al D'ios verdadero) vive en el aquí y ahora, y generalmente está inmerso exclusivamente en los llamados placeres terrenales. Creo que éste es un punto clave, estos placeres nos apartan de nuestra meta, sobre todo los mal enfocados. No estamos diciendo que los placeres saludables para el alma y el cuerpo estén prohibidos, ¡todo lo contrario! Pero el ser humano fue creado con una serie de prioridades y de principios morales, y ahí es donde está el problema. Se han cambiado los roles ya que se han puesto en primer lugar los placeres mundanos y en su mayor parte éstos se han desvirtuado, adquiriendo la categoría de banales y muchas veces inmorales, con abuso de poder del hombre sobre el hombre y sobre todo lo que le rodea. Fácilmente vemos que haciendo uso del libre albedrío y siguiendo este camino la balanza se inclina hacia el mal.

Por otro lado, independientemente de que entendamos esto o no, o incluso que nos dé igual, por aquello de ¡a vivir que son dos días!, los acontecimientos siguen su curso y la carga espiritual negativa de la balanza por las malas elecciones sigue pasando factura, manifestándose en enfermedades, problemas sociales, odio, rencores, deterioro del medio ambiente…

Pero podemos mirar en nuestro interior y decirnos haciendo uso de nuestro libre albedrío, «yo quiero que por mí no sea, y la balanza en mi vida y en el mundo se incline hacia el bien». Hablaremos de esto en el capítulo final.

BENDECIRÉ A LOS QUE TE BENDIGAN

«Bendeciré a los que te bendigan, y a aquel que te maldiga maldeciré».

Bereshit 12:3

D'ios le dijo al profeta Abraham, que los que le bendijeran serían bendecidos, y los que le maldijeran serían maldecidos… Esto lo dijo en referencia a él, y todos sus descendientes, o sea, a todo el Pueblo judío.

Un pueblo que espera algo con esperanza es un pueblo con futuro, y el Pueblo judío es un claro ejemplo de ello. Siguen con sus tradiciones inalterables al tiempo, esperan la reconstrucción del Tercer Templo, la llegada del Mashíaj y trabajan para la rectificación del mundo.

Desde luego es innegable que tienen un futuro claro y metas por delante. Sin embargo, en el resto de las naciones no se ven metas claras. En ellas, la mayoría de las personas se levantan para comer, trabajar, procrearse… y los hay que además luchan por sus ideales, ideales que normalmente crean separatismo entre unos y otros. Incluso se apena cómo sus tradiciones con las nuevas generaciones van perdiendo fuerza y entusiasmo, fruto de que éstas carecen de una raíz divina y eterna. En definitiva, funcionan para satisfacer y alimentar el ego individual.

Uno de los «secretos» que ha permitido la supervivencia del Pueblo judío es la unidad. Utilizo las comillas porque no es algo que se guarden para ellos. Pero su estatus y la forma de vida en la que deben dirigirse en sí misma provoca esa unidad.

¿Y qué les obliga a esa unidad? ¿Qué forma esa unidad?

La Torá. El pueblo judío es un pueblo unido por ella y por el D'ios al que obedecen.

Los no judíos, las naciones, también tienen un objetivo común que una gran mayoría aún no ha descubierto fruto de muchos factores. También D'ios los une y los acerca a Él a través de las siete leyes de Nóaj, como ya vimos. D'ios nos quiere a todos con Él. Pero para esto hay que ponerse a trabajar y hacer los deberes, y como un papá que tiene un hijo legítimo y amado, el Creador pide como requisito que hay que entender de una vez por todas que el Pueblo de Israel no es ningún enemigo, y ningún objetivo al que perseguir.

Al fin y al cabo, seamos honestos y admitamos que hay un claro desconocimiento hacia este pueblo. Entonces, ¿por qué verlo como enemigo, o tenerle poca simpatía? Los judíos han contribuido en gran proporción a los logros de la humanidad. Si buscamos veremos que en la mayor parte de estos logros casi siempre hay detrás un judío. ¿Por qué?, por la sencilla razón que estamos repitiendo a lo largo de este libro, gozan de la bendición en primera persona del Creador del mundo.

Si queremos beber de esa bendición, hay que bendecir al pueblo escogido por D'ios, no hay que darle más vueltas.

A través de esa bendición, se obtiene el conocimiento verdadero del propósito de todo y se recibe la entrada a la vida, la entrada a una dimensión desconocida y al mundo espiritual.

No hay tiempo que perder, hay que dejar de ser meros espectadores y pasar a la acción. Escoger la vida es escoger al Pueblo de Israel como nuestro aliado, y como nuestro ejército de defensa ante los males de la humanidad.

Recordemos que ellos con sus rezos y cumpliendo la Torá mantienen el mundo. El Pueblo de Israel ha pasado ya por todo, y de todo ha salido vencedor y fortificado. No hay nada que se pueda hacer para revertir esto. Podemos hacer dos cosas, o seguir con la venda en los ojos, en el corazón y en el alma y no aceptar la evidencia, o dejarles entrar en el corazón obteniendo bendición y ser socios activos en el cambio que esto produciría a nivel personal y mundial.

Mientras vivíamos en la ignorancia, nuestro libre albedrío en cierto modo estaba limitado, pero llegados a este capítulo, y gracias a D'ios, estamos dejando de ser ignorantes en cuanto a que hay un Creador, y que Él escogió al Pueblo de Israel para ser luz para el resto de los pueblos. Evidentemente, también al Pueblo de Israel le corresponde cumplir su parte de ser esa luz para toda la humanidad.

Así ha dicho D'ios, si no fuese por mi pacto de día y de noche, las leyes del cielo y la tierra no hubiera establecido.

Irmeyahu (Jeremías) 33:25

Aquí el Creador nos indica de manera imperativa que sólo por su pacto, la Torá, Él creó el mundo tal y como lo conocemos; las leyes del cielo (sin entrar en este tema tan profundo), que vendrían a ser las leyes espirituales y las del universo con sus ciclos, y las leyes de la tierra, las leyes de la naturaleza.

¿Qué pasaría si estas leyes dejaran de proceder de manera ordenada y armoniosa como hasta ahora? ¿Y si D'ios ordenara a la lluvia que no cayera más, o al sol que dejara de calentar, o que invirtiera el rol del reino animal, o que el Creador no nos cuidara como un padre que vela por su creación? ¡¡Qué miedo!!

No os lo vais a creer, pero justo cuando estaba escribiendo esta parte del libro, me encontraba en casa aislada por la pandemia mundial del COVID-19, e imagino que todos pensábamos lo mismo en todas partes, «¡esto no parece real, parece una película de ciencia ficción!». Si hay algo claro en esta pandemia es que el ser humano es un ser frágil y que no somos los dueños de nada: ni de nuestra salud, ni de nuestro dinero, ni de nuestra voluntad, y que con toda nuestra arrogante superioridad, hay estábamos todos los humanos, recluidos por algo invisible.

El virus existe, la muerte de miles de personas de todo el mundo da testimonio de su existencia. Y si hemos creído que el virus existe, ¿por qué dudar de la existencia de un Creador? La creación y la inmortalidad del Pueblo judío, como decía Mark Twain, dan testimonio de la existencia de un Creador.

A D'ios se le conoce a través de su Torá, pero, como sabemos, ésta sólo fue dada a los judíos.

Ya en esta recta final del libro, independientemente de ser judío o no, o incluso de la obediencia de éstos a la Torá, todos tenemos que empezar por lo más básico y a la vez podría resultar lo más difícil.

Dejar entrar en nuestro ser, en nuestra alma, y en nuestro corazón a D'ios para escoger la vida y la continuidad de ésta.

Ocúpate de hacer el bien,
y el mal desaparecerá por sí solo.

Rabí Najman de Breslev

CAPÍTULO 8

BASES NECESARIAS PARA LA REPARACIÓN DEL MUNDO

¡OH, D'IOS!, ¿QUIÉN ENTRARÁ EN TU TABERNÁCULO?

¿Cómo sabemos que estamos aprobados por D'ios y que Él nos ha permitido la entrada a Su casa, a Su presencia, a Su santidad?

Quizás para las personas que no conocen al D'ios verdadero ni siquiera estarán familiarizadas con esta forma de expresarse ante Él. No comprenderán de verdad lo que significa estar en Su presencia y sentir o conocer Su santidad. Indudablemente que hay que abrir el corazón para tener un encuentro personal con Él. Esto suena muy romántico, pero no es suficiente en absoluto.

Entonces ¿cómo se distingue a una persona cercana a D'ios?

Se la distingue porque busca andar en Sus caminos.

Recordad que tenemos que olvidarnos, como dijimos al principio del libro, de la imagen y el perfil del D'ios erróneo que muestran las religiones de las naciones totalmente alejado del D'ios del que hablamos, el gran desconocido de la humanidad. El D'ios Único creador del cielo y la tierra, y todo lo que contiene. D'ios de Israel.

Comencemos a abrir nuestra mente y entendimiento y veamos ejemplos claros de cuáles son los caminos del Creador.

Oh, D'ios, ¿quién morará en Tu tabernáculo? ¿Quién morará en Tu monte santo? El que anda en rectitud, y hace justicia; y habla verdad en su corazón. El que no calumnia con su lengua, ni hace mal a su prójimo, ni tampoco lo ofende. Aquel en cuyos ojos la persona vil es despreciada, pero honra a los que temen a D'ios; aunque jure en perjuicio propio, no por eso cambia. No da su dinero a usura, ni toma soborno contra el inocente. El que hace tales cosas no caerá jamás.

Tehilim 15

Oh, D'ios, ¿quién morará en Tu tabernáculo? ¿Quién morará en Tu monte santo?

Lo que se nos pregunta aquí es ¿quién obtendrá el exclusivo regalo de conocerlo y habitar en Su presencia, de recibir Sus bendiciones…? De entrar en esa sala espiritual donde entran sólo los que cumplen la voluntad del Señor del Universo, del Omnipotente.

Para nuestra sorpresa no es tan difícil, ni inalcanzable en absoluto. D'ios no pide nada al ser humano que esté fuera de su alcance. Los requisitos para habitar en la Presencia de D'ios no pasan por tener dotes sobrenaturales, ni un carisma arrollador, ni riqueza, honor, poder, haber nacido en uno u otro rincón del mundo. El D'ios que creó a toda la humanidad supervisa y actúa en cada rincón del universo y conoce a cada uno por su nombre. En el camino y la obediencia a D'ios y, para que comience a tenernos en cuenta y ver que somos serios en nuestra búsqueda hacia Él, es evidente que ya sabemos que tenemos que acercarnos a Él mediante el cumplimiento de las leyes que nos dio: la Torá en el caso del Pueblo de Israel y las siete leyes de Nóaj para las naciones.

Tampoco olvidemos que D'ios es misericordioso y sabe que las personas flaqueamos, pero Él conoce los corazones y sabe cuándo nuestra obediencia es honesta y sincera, continuando siempre adelante.

Pero lo que nos está indicando el Tehilim arriba citado es que, para habitar en la Casa de D'ios y para adquirir Sus bendiciones se necesitan requisitos de conducta imprescindibles. Rectitud, humildad y temor al cielo (este último lo veremos en el capítulo final). Estos nos llevarán a la obediencia a D'ios.

¿CUÁLES SON LOS INGREDIENTES DE LA HUMILDAD Y RECTITUD QUE NOS LLEVARÁN A LA OBEDIENCIA?

El que anda en rectitud, y hace justicia; y habla verdad en su corazón. El que no calumnia con su lengua, ni hace mal a su prójimo, ni tampoco lo ofende. Aquel en cuyos ojos la persona vil es despreciada, pero honra a los que temen a D'ios; aunque jure en perjuicio propio, no por eso cambia. No da su dinero a usura, ni toma soborno contra el inocente. El que hace tales cosas no caerá jamás.

Tehilim 15

La rectitud, o la integridad, derivado del latín, *integer,* que significa 'intacto', 'entero', 'no alcanzado por el mal'. Este requisito de la conducta humana que D'ios nos pide es reconocido por un comportamiento que no se entrega a la inmoralidad, la deshonestidad, maledicencia…

Un comportamiento que comprende, visualiza y se dirige de acuerdo a los principios morales básicos reconocidos, incluso con el nivel de conciencia con el cual el primer ser humano fue creado.

Todos sabemos reconocer y valorar en gran manera a una persona recta e íntegra. Observaremos que no miente, que no habla mal de los demás y que no usa la vil táctica de menospreciar a los demás en sus caminos para, de manera muy sutil, levantarse él. Lo reconoceremos también como alguien que no «se vende», que no tiene un precio.

Tampoco sería capaz de hacer daño ni pequeño ni grande en buen uso de razón, ni de manera presente ni oculta a otra persona. Y se dirige de la forma más honesta posible con el dinero, poniendo especialmente énfasis en ello.

Realmente con esto y, como dice en toda su extensión el Tehilim 15, se describe prácticamente la rectitud y la integridad.

Seguro que todos admiramos incluso desde el secreto a las personas que se dirigen según esta noble y elevada cualidad, pues todos queremos ser en el fondo buenos y queridos por los demás, y queremos a nuestro lado a estas personas, pues ante ellas nos sentiremos confiados, y nuestro corazón estará tranquilo.

Hay personas a las que parece que esta conducta les venga de nacimiento. Es cierto que cada persona nace con unas cualidades que se le otorgan para usarlas para hacer el bien en el mundo, y otras que parecen defectos, aunque en realidad, no son más que trabajos pendientes espirituales que vienen a reparar a este mundo. Pero, incluso hasta la persona más recta e íntegra, que se esfuerza para comportarse así en la vida, si no reconoce que esta cualidad le fue otorgada por el Creador, tarde o temprano ,esta rectitud e integridad se torna en arrogancia y orgullo oculto. Muchas veces ni la propia persona lo reconoce o lo descubre, cree que por su fuerza y buen entender se conduce así, pero en su interior y, si se presenta la oportunidad, resalta sus cualidades ante los demás pidiendo que se le reconozca su noble condición. Entonces, pierde todo el valor.

La pregunta que nos puede surgir ahora podría ser, ¿cómo puedo alcanzar la verdadera integridad y rectitud? ¿La que D'ios aprueba?

Con la humildad, sólo la humildad nos permitirá reconocer que nada proviene de nosotros. Que todo lo que nos es dado es para ponerlo a disposición de otros. Acordémonos del profeta Moshé (Moisés), que fue escogido precisamente por ser la persona más humilde que habitaba sobre la faz de la tierra.

La humildad es la cualidad más apreciada por el Creador. Las personas humildes se muestran receptivas a aprender, a crecer, no hay doblez en ellas, no tienen problemas en aceptar la obviedad, no buscan sus razones, no usan un lenguaje brusco, cruel o desagradable. La humildad no siempre nos viene regalada del cielo, al contrario, uno de los grandes problemas de nuestras sociedades radica en el orgullo y la arrogancia. «Yo pienso, yo quiero, yo merezco... y el otro siempre es menos a nuestros ojos».

La humildad traerá la paz mundial, pues a través de ella abriremos los canales espirituales del verdadero entendimiento. Pues sólo comenzando a reconocer nuestra soberbia y arrogancia, empezaremos a limpiar nuestro corazón, y el comienzo de la limpieza dará paso al entendimiento de la verdad, que es el valor supremo más elevado, que nos llevará a querer como a un pájaro enjaulado a buscar los medios para salir de esa jaula. Pero este pájaro, por su condición de animal y falto de conocimiento, no se da cuenta de que las jaulas normalmente se cierran con un enganche, y que si usara su pico o sus garras probablemente podría conseguir abrirla. O que en el momento que su amo abriera la jaula, el pájaro podría picarle en un intento de buscar la merecida libertad que nunca debió de serle robada.

El mundo en el que vivimos, falto de reconocimiento de la verdad, al no saber reconocer al D'ios Único y Su plan para este mundo, está enjaulado. Pero a diferencia del pájaro, él es su propio amo, él se está robando su propia libertad. Y para salir de esa jaula tiene que admitir su ignorancia, su torpeza, sus ansias de placeres, su colaboración en inclinar la balanza de los acontecimientos hacia el mal, su alejamiento de las leyes divinas y, en el caso de que exista, su falta de simpatía al Pueblo de Israel.

Por tanto, la búsqueda de hacer el bien traerá consigo la rectitud. La humildad te permitirá reconocer la verdad, y la verdad te abrirá las puertas de la obediencia, y el temor del cielo, obteniendo así la entrada directa al mundo espiritual del Creador.

Esto, como todo en la vida, se consigue con trabajo y con introspección interior dirigiéndonos al Creador y, por supuesto, cada persona puede y debe usar sus propias palabras para dirigirse a D'ios.

Como ejemplo, veremos a continuación un rezo que los judíos observantes conscientes de la necesidad de agradar a D'ios, de andar en Sus caminos y de procurar la reparación y la redención de este mundo dicen cada noche antes de dormir. En él observaremos que el rezo va dirigido al perdón. El perdón trae amor y misericordia por nuestros semejantes, y sin esto nada de lo que hagamos agradaría al Creador. Pues D'ios no es un D'ios de justicia, sino de Misericordia, y en esto Él se regocija. Pues, de hecho, este mundo mayormente se dirige por el atributo de la misericordia divina.

SABER PERDONAR

Señor del Universo, perdono y disculpo a todo aquel que me haya hecho enojar, me haya provocado o haya cometido una falta contra mí, ya sea en mi cuerpo, en mi propiedad, en mi honor o en todo lo demás que sea mío, ya haya sido a causa de fuerza mayor o intencionalmente, por accidente o con mala voluntad, tanto de palabra como en la práctica, ya haya sido en esta encarnación o en otra encarnación. [Perdono] a todo miembro de Israel, y que ningún ser humano sea castigado por mi causa. Sea Tu voluntad, Señor, D'ios mío y D'ios de mis padres, que yo no peque más; y que por Tú abundante misericordia sea borrado delante de Ti todo aquello en lo que yo haya pecado...

Rezo judío justo antes de dormir

Siempre hemos escuchado que las personas que saben perdonar sienten amor por los demás e incluso tienen un rostro que trasmite paz. Todo esto es cierto, pues la persona que sabe perdonar y ceder ante los demás está haciéndole un gran favor a su alma, ya que la está ayudando a cumplir su cometido por el que fue creada, la obediencia al Creador. De ahí el dicho que la cara es el espejo del alma. Cuanto más cercana del objetivo divino esté el alma de la persona, más paz y serenidad trasmitirá su rostro. Esto lo saben muy bien los judíos, por eso usan todos los medios alcanzables para conseguir esa paz, conocedores de que el perdón hacia los demás y, como consecuencia de éste, atrae el amor por los demás, y el arrepentimiento de sus propias faltas, por lo que reciben bendiciones en sus vidas.

Volviendo al texto del rezo, si prestamos atención, veremos lo maravillosamente sencillas y sanadoras que son sus palabras. En este pequeño rezo, está concentrado el secreto para que reine el bien más puro y absoluto, y para que el mal desaparezca con todos sus derivados, que desgraciadamente reinan en este mundo.

Cada uno de los miembros del Pueblo de Israel que dice este rezo cada noche le está diciendo al Creador del mundo que perdona, y que quiere perdonar a su prójimo, a pesar de que lo haya enfadado; en su cuerpo, como por ejemplo con una agresión, en su propiedad, como por ejemplo un robo, en el honor, como por ejemplo una calumnia contra él... y todos los derivados. Esta persona quiere perdonar, buscar el perdón en su corazón, a pesar de que estas faltas cometidas contra ella a veces serán más o menos graves, no siempre serán de manera inocente o inadvertida, sino que también pueden llegar a ser con mala intención.

En referencia a *ya haya sido en esta encarnación o en otra encarnación,* esto nos dará una clara idea de la profundidad del entendimiento del valor del perdón. Las personas no siempre estamos libres de nuestra mala inclinación, aunque, por supuesto, sí tenemos la responsabilidad de intentar siempre que esta mala inclinación, del tipo que sea, no nos desvíe del camino recto y, menos, repercuta en los demás.

Pero es precisamente por eso por lo que D'ios le da al alma una nueva oportunidad de regresar a este mundo. El alma volverá en un nuevo cuerpo para que esta vez repare y enmiende esas malas inclinaciones de su personalidad, que junto al cuerpo que le fue asignado le llevan a un mal e inadecuado comportamiento, impidiendo que termine el camino hacia su Creador. (Es importante saber que este tema de la reencarnación de las almas, correspondiente a la mística judía, es más complejo e infinitamente extenso de lo que he podido resumir en un par de líneas, y para el cual no estoy capacitada). Al pedir este perdón hacia el prójimo, permitimos que el bien se eleve por encima del mal, colaborando con la reparación de las vidas de los demás y del mundo, siendo socios activos para que llegue un reinado de paz colectivo.

Un ejemplo claro y práctico de todo esto que estamos diciendo sería esta frase del rezo: *[Perdono] a todo miembro de Israel, y que ningún ser humano sea castigado por mi causa.*

Como integrante del Pueblo de Israel la primera parte de la frase vendría a expresar: cuando algún miembro de nuestro pueblo nos ha causado algún daño, aun así, buscamos y queremos el perdón para él, y sé y aprendemos que debemos perdonarle. Pero también queremos aprender a perdonar con alegría y sin rencor, desde la humildad. Ya que éste es el perdón verdadero y elevado, el que se registra en nuestra cuenta del cielo. Seguidamente, los miembros del Pueblo de Israel piden también al Creador del mundo que ningún ser humano creado por Él sea castigado por una mala acción de él.

Con estas palabras los judíos que buscan acercarse al Creador con un corazón sincero piden cada noche a D'ios, humildemente, querer y poder perdonarse entre ellos, y que el sufrimiento se aleje de la humanidad deseando para ésta que D'ios le otorgue sólo el bien y lo bueno, aun siendo conscientes de que hay sectores que desean continuamente el mal de los integrantes del Pueblo de Israel.

Estamos hablando en todo momento del perdón constructivo, el del alma, el que da paz. Éste es el perdón que nos libera en primera persona de vivir con rencor y amargura, y nos hace libres de verdad.

Perdonad porque soy consciente de que no soy mejor que otro, que cada uno cuenta con un millón de dificultades, cadenas y tropiezos, y una reparación en su vida que le dificultan el camino. Por supuesto que no ponemos en duda que, al vivir en sociedad, si alguien se empeña en hacer cosas indebidas que la ley o la moralidad no tolera, aunque incluso en un corazón limpio y elevado exista el perdón, en esos casos, ya no depende de nosotros que un individuo o un colectivo, atraigan sobre él o ellos la justicia social, y la justicia más seria y significativa, la justicia divina.

Saber perdonar y amar a los demás con un corazón limpio o lo más limpio posible es una de las cosas más difíciles de llevar a cabo en esta vida. Pero D'ios nos conoce y sabe que somos seres limitados con nuestras torpezas, razones, pasiones... Por eso para cambiar un mal rasgo se necesita un trabajo constante y consciente, y poco a poco y con la ayuda del Creador se verán los frutos.

El mejor regalo individual y colectivo sería que cada persona entrara en su interior y cada día repasara cuentas de sus acciones diarias, y aprendiera y descubriera al D'ios verdadero a través del perdón. La humanidad está necesitada del perdón para poder reparar todo el mal de este mundo.

«De ninguna manera elegiría para mí un D'ios
cuyo comportamiento les resultara comprensible
a los seres humanos».

Rebe de Kotzk

CAPÍTULO 9

ESCOGERÁS A D'IOS, ÉL ES EL LUGAR

Todos los habitantes del mundo te reconocerán... Y todos aceptarán el yugo de Tú soberanía, para que reines sobre ellos prontamente y en nuestros días.

Rezo judío

Si nos fijamos bien, solemos ser producto de nuestras prioridades. Si algo es prioritario para nosotros lo hacemos o vamos tras ello y, si no, no.

El ser humano desde siempre se ha creado su propio mundo y sus propias opiniones y esto le acompañó fueran ciertas o no. Y a pesar de lo ridículo y de lo absurdo, las personas en general siguen sin preguntarse si hay un Creador, o ¿quién es D'ios?, limitándose a creer lo que la historia y la cultura que les rodea les contaron, influyendo en una visión negativa sobre este asunto, incluso sobre la palabra D'ios.

Comenzábamos preguntando al principio de este libro: ¿quién es D'ios? También vimos en ese comienzo que a Él no se le puede ver, ni definirlo o describirlo. Pero que sí podíamos conocerlo a través de Su voluntad y de Sus atributos. De manera muy breve (aunque haya parecido extenso, o incluso a veces necesariamente repetitivo), hemos hablado en diferentes capítulos sobre la manera que el Creador le pide al hombre que se conduzca en la vida; en relación a Él, a sus semejantes y a toda la creación. Y así podremos entender y acercarnos de alguna manera a una parte de la esencia del Creador del mundo.

«DE NINGUNA MANERA ELEGIRÍA PARA MÍ UN D'IOS CUYO COMPORTAMIENTO LES RESULTARA COMPRENSIBLE A LOS SERES HUMANOS»

Es posible que alguien se pregunte por qué durante todo el libro, cuando hacemos referencia a D'ios, éste se encuentra escrito con un apóstrofe entre la letra, «D» y la letra, «i». No siempre es necesario verlo escrito de esta manera, en otros libros podremos encontrarlo por ejemplo así: D-is, o formas similares... Pero lo que siempre veremos es que debería haber una separación entre las diferentes letras. Recordemos brevemente que, cuando el profeta Moshé le preguntó a D'ios, ¿cuál era Su Nombre?, el Creador respondió: *«Yo Seré»*.

La idea es crear un cerco protector alrededor de la santidad del nombre de D'ios para que, de ninguna manera, se pueda profanar esa santidad. En algunos libros, sobre todo si tratan sobre el judaísmo, es posible encontrar D'ios escrito junto. Si se trata de un libro escrito en el idioma sagrado; el hebreo, por la característica del idioma seguramente no lo veremos con ninguna separación, pero si en él se encuentra el Nombre del Creador (aunque normalmente es conocido por el tipo de libro si en él se encuentra el Nombre), en las primeras páginas podríamos leer algo así como: «en este libro se halla el Sagrado Nombre de D'ios, trátalo con el debido respeto». Y por supuesto que también esto se repite en cualquier idioma.

El Creador es Santo, y nosotros no podemos entender del todo esa Santidad. Él está cerca, a nuestro lado, pero Él tiene Sus normas jerárquicas, y hay zonas en las que no nos corresponde hurgar.

Precisamente esto es lo que nos dice esta frase dicha por el Rebe de Kotzk, con la que comenzamos el encabezamiento de este capítulo y esta parte: *«De ninguna manera elegiría para mí un D'ios cuyo comportamiento les resultara comprensible a los seres humanos»*.

Imaginemos que D'ios fuera racional como los humanos. Entonces sería inestable y vulnerable como nosotros. Imaginemos que fuera visible a nuestros ojos, seguro que su aspecto siempre sería juzgado si no corresponde al criterio de las diferentes razas. Imaginemos también que pudiéramos hablar con Él como hablamos los humanos, seguro que tarde o temprano le faltaríamos el respeto con nuestra palabra. Por último, imaginemos que fuera un D'ios carente de misticismo, entonces sin duda e irónicamente diríamos: «¡No puedo creer en un D'ios así, es demasiado humano y alcanzable!».

Por todo esto, Él no puede ser racional, ni corporal, y obligatoriamente el Creador del mundo de lo que más se rodea es de misticismo. Todo esto nos permite poder reconocer Su Omnipotencia, y nos protege de nosotros mismos. Si fuera un D'ios al que pudiéramos alcanzar, ver o comprender, es evidente que habría que crear otro concepto de lo divino, ya que el ser humano se encargaría de corromper esta divinidad, por lo que nos destruiríamos a nosotros mismos al eliminar la fuente que nos mantiene con vida desde el principio de los tiempos. El Creador es Santo, Puro, apartado… y nosotros no podemos entender del todo de manera racional estos conceptos.

Por eso, como dice el Rebe de Kotzk, no podríamos creer en un Creador que fuera comprensible a nuestros ojos, pues sencillamente se trataría de cualquier otra definición menos de D'ios. (No cabe duda que este tema sobre la divinidad de D'ios es mucho más amplio y profundo, y que éste no es el libro que debe tratar sobre ello. Me parece que sólo los sabios expertos del Pueblo de Israel tienen autoridad para enseñar los pormenores y misterios de este asunto).

Podríamos pensar entonces que el Creador se encuentra demasiado alejado de Su Creación, aunque dirige el mundo y creó leyes y normas de conducta para ésta, pero que Él no está presente en nuestras vidas. Es justo lo contrario.

¿DÓNDE ESTÁ D'IOS? ALLÍ DONDE EL HOMBRE LE DEJA ENTRAR

Decía también el Rebe de Kotzk que D'ios se encuentra donde el ser humano le deja entrar.

No hay duda de que D'ios existe y está en todas partes, se acerque el hombre a Él o no. El Rebe de Kotzk lo que nos quiere decir en esta famosa frase es que por mucho que el Creador sea quien dirige el mundo, el ser humano alejado de Él no puede ver la función y entender lo que ocurre porque no ha corrido el telón. D'ios está detrás de ese telón esperando a que corramos las cortinas para poder ver y entender. Cuando descorramos ese velo, que en cada individuo puede ser de distintos tipos (falta de entendimiento verdadero, inmoralidad, incredulidad, arrogancia, prejuicios, culturas alejadas y ajenas al D'ios verdadero, manifestaciones religiosas tergiversadas…), y cada uno con honestidad puede agregar su propio velo. Pero hasta que no corramos el velo que nos separa de Él, y con humildad le digamos al Creador que no entendemos nada de nada, y que a partir de ahora queremos entender y saber de Él, será entonces que D'ios puede entrar en el corazón, y en el intelecto de la persona y de esta manera puede obrar en su vida y empezar el cambio verdadero, conociendo y sintiendo a D'ios. En este cambio entramos todos.

Todo esto puede sonar a búsqueda espiritual o crecimiento interior, algo que tan de moda está en los últimos años. O incluso puede sonar a que aquellos que buscan a D'ios son personas débiles y necesitan creer en algo para aferrarse en la vida. Precisamente éste es uno de los grandes prejuicios que hace que la persona ni siquiera se acerque al contexto de la fe. Nunca hay que desestimar los caminos que el Creador usa para que nos acerquemos a Él, y si el tener dificultades es uno de los caminos para llegar a acercarnos, más tarde daremos gracias por ello.

El tiempo corre, y corre en contra de aquel que lo desperdicia banalmente. Conviene entender de manera seria y responsable que los planes de D'ios se llevarán a cabo con o sin nuestro consentimiento. Pero también conviene entender que cada momento es el mejor para despojarnos de nuestra máscara de autocontrol y autonomía, y decirle al Creador del mundo que nos muestre Sus caminos.

Como hemos visto durante la lectura de este libro, D'ios dirige el mundo y, si le permitimos que obre de manera directa en nuestras vidas, nos hará conocedores de secretos y misterios, por lo que podremos ver milagros sorprendentes en nuestras vidas.

Para esto no hace falta mucho. Podemos comenzar diciéndole con un corazón sincero que no sabemos nada sobre Él, que ni siquiera pensábamos que Él existiera, o pedirle perdón por ir tras el D'ios equivocado, y así... cada uno con sus propias palabras. D'ios siempre escucha a un corazón sincero. No importa en qué lugar de entendimiento estemos y a qué altura del camino, lo importante es estar en la senda verdadera. Cada uno de nosotros venimos a este mundo con una meta, lo que en el judaísmo conocemos como la reparación de nuestra alma. Por lo tanto, no importa a dónde corramos, en dónde o bajo qué máscara nos escondamos, D'ios existe y dirige todo lo que existe (primer principio de Maimónides).

En el judaísmo nos referimos a D'ios como EL LUGAR.

El Único Lugar, Puro, Santo y Apartado, a donde siempre y sin importar las circunstancias podemos llegar. El Lugar en donde se encuentran todas las respuestas. El Lugar de donde procede la justicia y la misericordia. El Lugar a donde la jerarquía celestial rinde cuentas. El Lugar a donde la naturaleza, los mares, los animales, los astros… se dirigen sabiendo que sólo a Él tienen que obedecer. El Lugar común para judíos o no judíos. El Lugar donde todo está en paz y armonía. Esto es D'ios.

Pero nunca olvidemos, El LUGAR es Uno y Único, y es el D'ios de Israel.

Estimado lector, llegamos al final de este libro. Agradezco de corazón que lo hayas leído.

De manera breve y concisa he intentado decir que todo este mundo está dirigido por un D'ios, que Éste escogió al Pueblo de Israel como Su embajador y que todos los acontecimientos de la historia giran en torno al Pueblo de Israel como protagonista. Que el Creador entregó a los judíos por herencia la sagrada Tierra de Israel, y a Jerusalén su ciudad santa donde se reconstruirá el Tercer Templo con la llegada del Mashíaj, a donde las naciones llegarán para aprender del conocimiento verdadero. (Quisiera hacer una pequeña anotación diciendo que el nivel más elevado del conocimiento verdadero en el mundo del Creador sería la mística judía, conocida como la Cabalá, que significa *«recibir, instrucción, revelación»*. Pero primero hay un camino por recorrer, comenzando por reconocer la existencia del Creador, observar y conocer Sus normas y someterse con humildad a Él para entender Su propósito para con toda Su creación).

También hemos visto que el Creador, por supuesto, ama a todas Sus criaturas y dio a los no judíos las siete leyes de Nóaj o leyes universales, para que dirijan sus vidas en torno a ellas.

Por otro lado, he intentado descubrir al lector valores con los que D'ios dirige el mundo y lo que espera de nosotros. Y hemos visto que D'ios es un D'ios cercano a todo el que le busca con un corazón sincero.

Empatizo contigo, lector, y entiendo que, incluso, al término de este libro aún puede que encuentres dificultad en entender o aceptar algunas partes de lo escrito, si esto sucede siempre podemos tener presente esto:

Algo pasa con los judíos y con la Tierra de Israel que D'ios les entregó como herencia perpetua. Algo que sobrepasa el entendimiento…, pero yo quiero entender y aceptar los planes y elecciones del Creador del Mundo y obtener así Su bendición.

Y si además quieres formar parte del plan del Creador de manera activa, puedes decirle…

«*Señor del Mundo, te pido que me enseñes a escoger la vida, que me cambies el corazón de piedra y me des uno nuevo que me abra el entendimiento para lo que Tú quieres enseñarme y mostrarme, y así poder dirigir mi vida de acuerdo a Tu voluntad…*».

También puedes decirle con las palabras del Rey David:

Enséñame Tu camino, oh, D'ios, para que camine en Tu verdad. Une los sentimientos de mi corazón para temer Tu Nombre.
Tehilim 86:11

1 *Para el menatzeaj, con melodías; un salmo, una canción.*

2 *D'ios se apiadará de nosotros y nos bendecirá;*
hará brillar Su rostro sobre nosotros por siempre.

3 *Para que se conozca en la tierra Tu camino;*
en todas las naciones, Tu salvación.

4 *Te alabarán los pueblos, D'ios;*
Te alabarán todos los pueblos.

5 *Se regocijarán y cantarán las naciones, pues Tu juzgarás*
a los pueblos con rectitud, y a los países en la tierra
dirigirás por siempre.

6 *Te alabarán los pueblos, D'ios;*
Te alabarán todos los pueblos.

7 *La tierra dará su producto; nos bendecirá D'ios,*
nuestro D'ios.

8 *Nos bendecirá D'ios, y temerán a Él todos los confines*
de la tierra.

Tehilim 67

GLOSARIO

Abraham: Primer patriarca del Pueblo judío. Conocido como el Padre de la fe.

Babilonia: Lugar a donde fueron exiliados los judíos después de la destrucción del Primer Templo de Jerusalén.

Bemidbar (Números): Cuarto libro de la Torá que relatan principalmente el cómputo de los hijos de Israel y la travesía de éstos a través del desierto.

Bereshit (Génesis): Primer libro de la Torá. Narra la creación del mundo, el diluvio universal y la vida de los patriarcas, mostrándonos los comienzos del Pueblo hebreo.

Bne Anusim: Hijos de los forzados a convertirse al cristianismo, provenientes mayormente de España y Portugal.

Circuncisión: En hebreo Brit Milá. Pacto entre D'ios y el Pueblo judío que consiste en cortarle el prepucio al bebé al octavo día de su nacimiento.

Cohélet (Eclesiastés): Libro escrito por el Rey Salomón que habla del sentido de la vida.

Cruzadas: Guerras religiosas impulsadas por la Iglesia católica contra los judíos en la Edad Media.

Cueva de Majpelá: Cueva comprada por Abraham en Jebrón para enterrar a su mujer Sarah. Ahí están enterrados los patriarcas y la mayor parte de las matriarcas del Pueblo de Israel. Lugar sagrado para el judaísmo.

Diez Mandamientos: Normas de conducta que D'ios pide para con Él y con el hombre.

Doce Tribus de Israel: Formadas por los doce hijos del Patriarca Yaacov y sus descendientes.

Guemará o Talmud: Interpretación y comentario a la Mishná, que junto con ella componen el Talmud. Torá oral dada en el monte Sinaí al Pueblo hebreo.

Hillel HaZaken: Sabio y líder espiritual del Pueblo judío.

Irmeyahu (Jeremías): Profeta del Pueblo de Israel. Profetizó la destrucción de Primer Templo.

Ismael: Hijo de Abraham y Hagar. De Ismael proviene el mundo árabe.

Itzjak (Isaac): Hijo de Abraham y Sarah, y el escogido por el Creador para seguir el legado espiritual del Pueblo de Israel.

Jebrón: Ciudad en Israel donde se encuentran la tumba de los patriarcas.

Jesed: Actos de caridad.

Judaísmo: Fe, leyes y tradiciones del Pueblo judío.

Kenáan: Nombre de la Tierra de Israel en tiempos bíblicos.

Leyes de Nóaj: Siete preceptos también conocidas como leyes Noajidas o universales, que D'ios otorgó a la humanidad para que se rijan por ellas.

Maimónides: Conocido por su acróstico Rambam, Rabino Moshé ben Maimón, fue un sabio y médico español. Nació en el año 1135 y murió en el 1204 en Egipto. Una de sus obras más famosas, entre otras que escribió fue *Los 13 principios de fe*.

Mashíaj: Mesías que espera el Pueblo de Israel y que traerá la paz mundial.

Midrash: Investigación de un escrito de la Torá buscando su significado interior.

Midyám: Región a donde llegó Moshé huyendo de Egipto.

Mishlé (Proverbios): Libro de parábolas que nos enseña a proceder con discernimiento y sabiduría en la vida para que nos vaya bien.

Mishná: Ordenación de la Torá Oral por escrito según sus temas en seis apartados.

Monte Moriah: Situado en Jerusalén, fue el monte donde estaban el Primer y Segundo Templo, y donde será reconstruido el Tercer Templo.

Monte Sinaí: También conocido como monte Horeb. Está situado en la península del Sinaí (Egipto). Lugar donde el Pueblo de Israel recibió la Torá.

Moshé (Moisés): El más destacado y humilde de los profetas del Pueblo de Israel, escogido para liberar a los hebreos de la esclavitud en Egipto.

Nabuconodosor: Rey de Babilonia, autor de la destrucción del Primer Templo de Jerusalén.

Nejemyá (Nejemías): Fue gobernador en Jerusalén. Reconstruyó la muralla de la ciudad en la época de la reconstrucción del Segundo Templo.

Nóaj (Noé): Nóaj fue visto por D'ios como la persona más justa de su generación. D'ios le pidió que construyera un arca para librarse él y su familia del diluvio universal. La construcción del arca se alargó a propósito 120 años, tiempo suficiente para que la humanidad se arrepintiera de sus pecados, pero sin resultado.

Pirkei Avot: Libro sobre comportamiento y ética judía de los sabios.

Primer Templo: Lugar sagrado para el Pueblo judío donde habita la Presencia de D'ios. Construido unos 832 años antes de la Era Común por el rey Salomón, hijo del Rey David, y destruido por el rey babilónico Nabucodonosor. El Primer Templo duró en pie 410 años.

Profeta: Persona escogida por D'ios a la que le revela acontecimientos futuros, generalmente de advertencia para que los comunique al pueblo llano.

Progróm: Agresión y linchamiento espontáneo o premeditado en contra de los judíos y de sus bienes.

Rab Itzjak HaKohen Kook (1865-1935): Nació en Rusia. Emigró a Israel y se convirtió en el primer Gran Rabino askenazí cuando aún estaba el mandato británico. Conocido por sus conocimientos talmúdicos y por reforzar la corriente sionista en el seno del judaísmo ortodoxo.

Rabi Najman de Breslev (1772-1810): Nació en Ucrania. Conocido como el rabino-médico del alma, propone la alegría como la mayor terapia y la forma correcta de acercarse a D'ios.

Rabino: Maestro y guía espiritual de la comunidad judía.

Rashi: Rabí Shlomo ben Itzjak (1040-1105). Nacido en Francia y considerado como el mayor comentarista de la Torá.

Rebe de Kotzk: Menajem Mendel Morgensztern de Kotzk (1787-1859). Fundador de la dinastía jasídica Kotzk y famoso por sus dichos.

Rey David: Segundo rey de Israel. Bisnieto de Ruth, princesa moabita que se convirtió al judaísmo. De la extirpe del Rey David desciende el Mashíaj de Israel.

Rey Shlomo (Salomón): Hijo del Rey David y tercer rey de Israel. Fue el primer rey que tuvo el mérito de construir el Primer Templo. Conocido por su gran sabiduría.

Sarah: Primera matriarca del Pueblo de Israel. Profetisa y mujer de Abraham.

Segundo Templo: Fue construido con el permiso de Ciro, rey de Persia, alrededor del año 350 antes de la Era Común de la mano del sacerdote y escriba Ezra (Esdras), y el líder Nejemyá (Nehemías), y fue destruido en el año 70 de la era común por el emperador romano Tito.

Servicio Divino: Conjunto de rezos judíos diarios que se hacen con devoción hacia el D'ios Todopoderoso.

Shabat: Séptimo día de la Creación en el que D'ios ordenó a los judíos descansar, y elevarse espiritualmente.

Shejém: Ciudad en Israel donde se encuentra la tumba de Yosef HaZadik. Lugar sagrado para los judíos.

Shemot (Éxodo): Segundo libro de la Torá. Narra todo el proceso del Pueblo de Israel en Egipto, su salida, y la entrega de la Torá en el monte Sinaí principalmente.

Sinagoga: Lugar de rezos del Pueblo judío.

Sion: Palabra que define a Jerusalén como el centro físico y espiritual del Pueblo judío, y de alguna manera a toda la Tierra de Israel.

Tanaj: Acróstico de Torá, Nebiím y Ketubim (Pentateuco, Profetas, Hagiógrafos). Compuesto por 24 libros que muestran enseñanzas y la historia del Pueblo de Israel.

Tehilim (Salmos): Libro de alabanzas y plegarias que alegra, consuela y fortalece el alma y que es rezado desde siempre por los judíos. Escrito mayormente por el Rey David.

Tikún: Reparación.

Torá: Enseñanza. Los cinco libros que D'ios entregó al profeta Moshé en el monte Sinaí. También conocida como el Pentateuco, los cinco primeros libros de la Biblia.

Tratado de Kidushim: Tratado de la Guemará que trata sobre las formalidades del noviazgo y matrimonio.

Tratado de Pesajím: Tratado de la Guemará que habla principalmente sobre las leyes de la festividad judía de Pesaj (pascua judía).

Tratado de Shabat: Tratado de la Guemará que trata principalmente sobre las leyes relacionadas con el Shabat.

Tratado de Shanedrín: Tratado de la Guemará que trata principalmente sobre las leyes de daños y procedimientos civiles y penales.

Yaacov (Jacob): Tercer patriarca del Pueblo de Israel, y padre de las doce tribus. Estuvo casado con Leah y Rajel.

Yejezquel (Ezequiel): Profeta que vivió en la época previa a la destrucción del Primer Templo y del exilio a Babilonia.

Yeshayahu (Isaías): Es uno de los profetas más grandes. Sus escritos podemos encontrarlos en el Tanaj, en la época de profetas. En el libro de Yeshayá, vemos como exhorta al Pueblo de Israel para volver a la senda de D'ios, advirtiéndoles de futuros males.

Yeshivá: Centro de estudios de Torá y del Talmud (Guemará), donde normalmente los alumnos viven internos.

Yosef HaTzadik (José el justo): Undécimo hijo de Yaacov y primer hijo de Rajel. Fue esclavo en Egipto y encarcelado durante doce años por una causa que no cometió. Después de profetizar con éxito los sueños del Faraón, éste lo convirtió en el virrey de todo el imperio de Egipto, trayendo una gran prosperidad a todo el imperio.

FUENTES

Las fuentes de este libro proceden principalmente de:

La Torá con Rashí, editorial Jerusalem de México.

La Biblia. El Tanaj, editorial Jerusalem de México.

La Biblia, editorial Sinái.

Tanaj, edición Katz, editorial Jerusalem de México.

Libro de los Salmos, editorial Sinái.

Sidur Bircat Shelomó, editorial Jerusalem de México.

Índice